LA PERLE

DU

PALAIS-ROYAL

PAR

XAVIER DE MONTÉPIN

2

PARIS
ALEXANDRE CADOT, ÉDITEUR
37, rue Serpente.

1855

LA PERLE DU PALAIS-ROYAL

Ouvrages de George Sand.

Adriani	2 vol.
Mont-Revêche	4 vol.
La Filleule.	4 vol.
Maitres (les) Sonneurs.	4 vol.
François le Champi.	2 vol.
Piccinino.	5 vol.
Le Meunier d'Angibault.	3 vol.
Lucrezia Floriani.	2 vol.
Teverino.	2 vol.
La Mare au Diable.	2 vol.

Ouvrages de Paul Duplessis,

Les grands jours d'Auvergne.

Première partie, *Raoul Sforzi*.	5 vol.
Deuxième partie, *Le gracieux Maurevert*. . . .	5 vol.

Les Etapes d'un Volontaire.

Première partie, *Le Roi de Chevrières*.	4 vol.
Deuxième partie, *Moine et Soldat*.	4 vol.
Troisième partie, *Monsieur Jacques*.	4 vol.
Le Capitaine Bravaduria	2 vol.
La Sonora	4 vol.

Sous presse :

Les Pervertis.
Un monde inconnu.
Le Grand-Justicier du roi.

Ouvrages de Paul de Kock.

Un Monsieur très tourmenté.	2 vol.
Les Etuvistes.	8 vol.
La Bouquetière du Château-d'Eau	6 vol.

Sous presse :

Madame de Monflanquin.

 Fontainebleau, imp. de L. Jacquin.

LA PERLE

DU

PALAIS-ROYAL

PAR

XAVIER DE MONTÉPIN

2

PARIS

ALEXANDRE CADOT, ÉDITEUR

37, rue Serpente.

1855

PREMIÈRE PARTIE

(SUITE)

LE MOULIN DE JAVELLE

(SUITE)

XIX

Une partie fine au Moulin de Javelle.

— Sais-tu qui nous avons là-haut? — demanda Gelinotte à sa pimpante moitié.

— Certainement, que je le sais — répliqua l'hôtesse — c'est monsieur Picon, le procureur, avec un de ses amis, quelqu'homme de justice comme lui... — Je viens d'envoyer chercher par Marinette le demi-cent d'écrevisses qu'ils ont demandé...

— Des écrevisses... des écrevisses... — J'ai dans l'idée, moi, qu'ils ne viennent pas ici pour des écrevisses...

— Pourquoi donc, alors?

— Il y a quelqu'anguille sous roche...

— De l'anguille?... Justement, j'en vais faire mettre cinq ou six tronçons dans leur matelotte...

— Ça n'est pas ça que je veux dire... — Sa femme soupait encore chez nous hier, à ce monsieur Picon...

— Et avant-hier aussi... — Ah! c'est une de nos meilleures pratiques...

— Eh bien! comme il a recommandé qu'on ne dise à personne qu'il était ici, peut-être se cache-t-il pour guetter sa femme...

— Eh! eh! ça se pourrait...

— Si elle vient ce soir, madame Picon, comment ferons-nous?

— Si elle vient, elle viendra... ce sont ses affaires... D'ailleurs, je la préviendrai; et puis c'est une maîtresse femme qui doit conduire son procureur par le bout du nez...

En ce moment plusieurs voix appelèrent depuis l'intérieur de la maison.

— On y va!... on y va!... — répondirent à la fois M. et madame Gélinotte, qui s'empressèrent d'aller se mettre aux ordres des dîneurs impatients.

Quelques minutes s'écoulèrent.

Puis on entendit le roulement sourd d'une voiture qui s'arrêtait de l'autre côté

de la guinguette, et deux femmes parurent,
suivies par un petit garçon de douze à quatorze ans, perdu dans une livrée un peu
trop large et beaucoup trop longue.

Les nouvelles venues étaient jeunes et
fort jolies — non pas d'une beauté régulière, mais de cet attrait piquant, de cette
grâce provoquante qui rend les Parisiennes
séduisantes.

Leur mise atteignait à l'extravagance à
force d'être coquette.

Elles avaient du blanc, du rouge et des
mouches; — les talons de leurs chaussures
étaient si élevés qu'elles ne pouvaient marcher sans cette incertitude et ce balancement que Rétif de la Bretonne regardait
comme la grâce principale de la démarche
d'une femme.

Les parfums violents qu'elles portaient sur elles remplissaient l'air à dix ou quinze pas à la ronde.

Leurs robes disparaissaient presque sous une profusion de dentelles et de rubans.

Chacune d'elles tenait à la main un éventail illustré de bergeries fabuleuses.

— Almanzor — dit l'une de ces femmes, la plus jolie, dont les beaux yeux noirs avaient une expression hardie jusqu'à l'effronterie — Almanzor... laquais... petit laquais... ici donc!...

— Plaît-il, madame? — demanda l'enfant en s'approchant de sa maîtresse.

— Allez dire à ce cocher qu'il se range à cent pas de la maison, là, sur le bord de l'eau, et qu'il nous attende...

Le petit laquais allait s'acquitter de ce message, mais il n'en eut pas le temps.

L'automédon du char numéroté parut lui-même, chancelant, trébuchant, ivre à ne pouvoir se soutenir.

— Qu'est-ce à dire?... — fit-il d'une voix pâteuse, chevrottante, et interrompue par des hoquets — qu'est-ce à dire, que je vous attende?...

— Mais, sans doute — répliqua la jolie femme.

— Je me donne au diable si je vous attends — s'écria le cocher — à moins que je ne sois payé!... — je vous en avertis...

La jolie femme se tourna vers sa compagne.

— Eh! si on lui donne de l'argent, il s'en ira... — fit-elle.

— Ça se pourra bien tout de même —
balbutia l'ivrogne ; — quand je serai payé
je n'aurai que faire ici...

— Hé ! drôle... comment veux-tu qu'on
s'en retourne !...

— Bon ! qu'on s'en retourne !... — Est-ce
que ça vous embarrasse ?... — Vous êtes
jolies toutes les deux, mes princesses... Je
vous amène au Moulin de Javelle, vous y
trouverez fortune... Ne vous mettez point
en peine...

— Ah! quels discours !... quel insolent !...
— s'écria l'une des deux femmes.

— C'est un maraud à qui il faut donner
les étrivières !... — fit l'autre.

— Oui ! — les étrivières !... — reprit le
cocher. — Oh ! écoutez donc !... point tant
de fierté ! — Je vous ai prises dans la rue

de Seine... je sais bien où... Je vous déshonorerai d'abord.. prenez-y garde...

— Par ma foi, ce n'est point joli!... un coquin de fiacre parler de la sorte!...

— Fiacre!... Oh! fiacre vous-même!... — Point tant de bruit, vous dis-je, et de l'argent!... autrement...

— Écoute... nous voici près de la maison...

— D'accord.

— Si j'appelle, tu seras rossé...

— Oh! palsambleu, appellez!...

— Tu le veux?...

— Nous sommes faits à cela... Je serai rossé, mais je serai payé!... ou je ferai beau bruit!... — Je n'ai pas la langue morte, non, quoique je l'aie un peu embarrassée...

Mais je sais ce que c'est... c'est la boisson... un coup ou deux de petit blanc...

— Je m'en vais renvoyer ce gueux-là !.. — dit la jolie femme. — Il faut le payer... mais je le reconnaîtrai, sur ma parole...

—Bon, tant mieux !—je vous reconnaîtrai aussi, moi. — Vous autres et nous autres, nous ne saurions nous passer les uns des autres...

— Quand ces misérables ont affaire à des femmes !...

—Nous connaissons un peu notre monde, n'est-il pas vrai ?

— Tiens, voilà un écu...

— Un écu !.. par exemple !...

— C'est le double de ce qu'on te doit...

— Ah ! ma princesse, vous ne voudriez

pas!... — une personne de qualité comme vous!... un écu! fi donc!...

— Si tu veux nous attendre et nous ramener on t'en donnera encore autant...

— Oh! vrai comme voilà le jour qui nous éclaire, ça ne se peut pas, ma reine...

— Et, pourquoi?

— J'ai une fiacrée de bourgeois de Vaugirard à voiturer.. un lendemain de noces.

— Est-ce que vous voudriez que je perdisse cela? — si vous couchiez ici, encore...

— Coucher ici!... coucher ici!... il est fou'... — Pour qui ce maroufle-là nous prend-il donc?...

— Ah! dame!... je sais bien qu'il n'y a point de lits au Moulin de Javelle... on n'y loge pas, mais cela n'empêche point qu'on y couche...

— Que veux-tu dire ?

— Oh! par la morbleu! je sais bien ce que je dis! — je suis grec là-dessus! — Oh! ça, il n'y a donc rien pour boire à vos santés? — je n'en suis, mordié, pas moins votre serviteur, et je vous souhaite toutes sortes de prospérités... — Jusqu'au revoir, mes princesses...

Et, plus chancelant et trébuchant que jamais, le cocher s'éloigna, tout en fredonnant, de cette voix nasale particulière aux ivrognes, ce couplet du temps :

>Sur ces charmantes rives,
>Cochers, que notre sort est doux !
>Nous sommes toujours ivres !...
>Trop heureux qui l'est comme nous !
>
>Vivent nos équipages !
>On fait, dans ces réduits d'amour,
>Nombre de mariages
> A vingt sous par heure, en un jour ! (*)

(*) Dancourt. — *Le Moulin de Javelle.*

— Ah! ma foi — s'écria la plus jolie des deux femmes — voilà une partie qui s'annonce bien!... et ces messieurs qui devaient nous attendre et qui ne sont seulement pas là pour nous recevoir... comprend-on cela?

— Mais, les voici...

En effet, deux jeunes gens, d'une élégance plus exagérée peut-être encore et plus ridicule que celle de ces dames, accouraient d'un air empressé.

C'étaient — à les en croire — le vicomte Lycidas et le chevalier de la Popelinière — en réalité deux purs et simples courtauds de boutique, enrichis par un récent héritage qu'ils mangeaient avec des coquettes.

Ils s'excusèrent de leur retard avec les expressions d'une parfaite galanterie et sollicitèrent un pardon qu'on n'eut garde de leur refuser.

Les deux couples s'apprêtaient à entrer dans l'hôtellerie quand madame Gélinotte en sortit.

— D'honneur, ma chère Gélinotte — lui dit celle de ces dames qui prenait le plus souvent la parole — c'est impayable, n'est-ce pas ? — je ne bouge de chez toi !... — j'y soupais avant-hier, et encore hier au soir, j'y reviens aujourd'hui, je prendrai quelque jour le parti d'y faire apporter des meubles..

— Dans tous les cas — répondit madame Gélinotte — je ne vous conseillerais pas de vous enménager aujourd'hui...

— Et pourquoi cela, ma chère?

— Ah! pourquoi? — eh! mon Dieu, tout bonnement parce que votre mari, monsieur Picon, est là-haut!...

XX

Les deux procureurs.

La jolie femme — que nous savons maintenant s'appeller madame Picon — ne sembla point s'émouvoir outre mesure de cette nouvelle inattendue.

— Mon mari? — répéta-t-elle — en es-tu bien sûre, Gélinotte ?

— Sûre comme je le suis de vous voir.

— On peut se tromper...

— Que nenni ! — sans vous déplaire, M. Picon est assez laid pour qu'on le reconnaisse entre mille...

— C'est une justice à lui rendre ! — répliqua la jolie femme en riant — voilà, sur ma parole un fâcheux contre-temps !... nous nous étions tant proposé de nous bien réjouir !...

— Hélas ! — fit madame Gélinotte.

— Quelle chose ridicule ! — reprit la femme du procureur — vous ne devriez point recevoir de maris chez vous, vous autres !...

— Allons, mesdames — dit le vicomte Lycidas — prenons notre parti — évitons un éclat et remontons en carrosse...

— Et, où irons-nous?

— Souper à Passy. — Il n'y a point d'autre parti à prendre...

— Nous n'y trouverons point de matelotte...

— Mais, aussi, nous n'y trouverons point de mari.

— Que cela est chagrinant!... — Je suis au désespoir quand quelque chose me dérange...

Tandis que ces paroles s'échangeaient, un petit homme, fluet et maigre, absolument chauve, et le visage tout piqueté de petite vérole, venait de sortir de la maison sans que personne fît attention à lui, et se dirigeait vers le groupe, une serviette à la main.

— Eh bien! eh bien! — s'écria-t-il — qu'est-ce donc que cela, madame l'hôtesse?

— on ne saurait être servi chez vous, pour son argent, à ce qu'il paraît? — Voilà plus d'une heure que nous avons demandé une matelotte et des écrevisses...

— Ah! vertuchoux! — murmura tout bas et vivement madame Gélinotte en se mettant entre la jolie femme et le nouveau venu — voici monsieur Picon en personne!... tirez-vous de là si vous pouvez!...

Mais déjà la légère moitié du procureur s'était fait une contenance et savait son rôle sur le bout du doigt.

Elle fit pirouetter madame Gélinotte, et, s'avançant vers le petit homme, dans l'attitude altière de la femme de Georges Dandin, elle lui dit :

— Oui, monsieur mon mari, une matelotte

et des écrevisses!... c'est donc ainsi que vous venez manger votre bien au cabaret!...

Le procureur stupéfait laissa tomber ses bras le long de son corps, et sa grotesque figure exprima le plus complet ébahissement.

— Ma femme au Moulin de Javelle! — balbutia-t-il — qu'est-ce que cela veut dire?

— Ah! — reprit madame Picon vivement — ah! vous ne m'y attendiez guère, débauché!... mais je savais bien que je vous y attrapperais, moi!... il y a longtemps que je vous guette!...

— Morgué! l'habile femme — dit madame Gélinotte en *a parte!*

— Madame Picon... madame Picon... — reprit le procureur — je ne sais pas comment vous l'entendez... mais, sérieusement...

— Nous n'avons pas dit, au moins, que vous étiez là-haut, monsieur — interrompit l'hôtesse d'un ton hypocrite — Madame s'en doutait bien, cependant, mais je ne répondais pas à ses questions puisque vous l'aviez bien défendu, et, si vous n'étiez pas descendu vous-même, madame n'aurait été sûre de rien...

— Il n'est pas question de cela — s'écria le procureur furieux — je n'ai point à rendre de comptes, je pense..

Ici madame Picon essuya quelques larmes, et dit en gémissant:

— Ah! je suis bien malheureuse de voir ainsi dissiper ma dot...

En ce moment les deux cavaliers de ces dames jugèrent à propos d'intervenir.

— Il faut mettre ordre à vos affaires,

madame — fit le vicomte Lycidas — une bonne séparation vous fera rendre ce qui est à vous...

— Oui... oui... — appuya le chevalier de la Popelinière — employez les voies de justice...

Les yeux du procureur lui sortaient de la tête.

— Messieurs — hurla-t-il — savez-vous bien que je n'entends point raillerie.

— Allez, monsieur — dit la compagne de madame Picon — vous devriez mourir de honte, de passer ainsi votre vie dans la débauche en abandonnant votre pauvre petite femme dans la solitude et dans les larmes...

— Madame Ségot!... — vociféra le

procureur — mêlez-vous de vos affaires, ou sinon...

Madame Picon se jeta devant son amie.

— Tais-toi... — lui dit-elle — tais-toi! — il te battra!... il est déjà ivre...

— Ivre! mordieu!...

— Oui — il pue le vin, que cela est horrible!...

Le malheureux procureur se tourna vers l'hôtesse.

— Mais dites-leur donc, vous, madame, dites leur donc que je n'ai encore rien bu!!...

— Ce sont des femmes, monsieur — répliqua madame Gélinotte de façon caline — laisssez-les dire... ne prenez pas garde à cela...

— Comment, que je ne prenne pas garde?...

— Oui, faites des excuses, ces dames sont bonnes personnes et vous pardonneront pour cette fois-ci, peut-être...

— Voilà qui est fort! — me pardonner, — ah! je le leur ferai bien voir...

— Il me menace! — interrompit madame Picon — il me menace!... messieurs, remarquez bien cela, je vous prie...

— Oui... oui... — répondirent à la fois le vicomte Lycidas et le chevalier de la Popelinière — il vous menace!.., c'est indigne!...

— Comment, malheureuse!... — bégaya le procureur,

— *Malheureuse!...* quelle horreur!...

vous entendez comme il me traite!... hélas! hélas !... quel sort est le mien !...

— Monsieur Picon... monsieur Picon..... — dit l'hôtesse — vous n'y songez pas...

— Eh! c'est une coquine qui ne croyait pas me trouver ici...

— Ah! une *coquine!*... — ah! fort bien !... — ah! je n'y puis plus tenir !... j'étouffe !... je meurs... messieurs, mes amis, mes protecteurs contre ce monstre, emmenez-moi vite à Paris... je veux faire ma plainte et vous me servirez de témoins...

— Une plainte? — répéta le procureur — et contre moi?... ah! mort de ma vie!...

Et, saisissant le vicomte Lycidas par le bras, il ajouta:

— Au moins, monsieur, vous voyez...

— Je n'ai que trop vu, monsieur — interrompit le vicomte — et j'en déposerai...

— Lever la main sur une femme..... ah ! l'horreur !

— J'ai levé la main, moi ?... moi ?..

— A plus de dix reprises !...

Le procureur, arrivé au paroxisme du désespoir, s'accrocha aux basques de l'habit brodé du chevalier de la Popelinière.

— Monsieur — murmura-t-il je vous demande en grâce...

— Ah ! — répliqua le chevalier en se dégageant — votre conduite est indigne !... je déposerai aussi contre vous, monsieur Picon, je vous en avertis...

Et les jeunes femmes et leurs cavaliers rejoignirent la voiture qui avait amené ces derniers, tandis que le procureur se laissait tomber anéanti sur une chaise, et que La Bricole, don Gusman et Grain-d'Orge, riaient aux éclats, sous leur tonnelle, de cette scène plaisante.

La prostration absolue du malheureux procureur dura quelques secondes.

Au bout de ce temps il releva lentement la tête et dit d'un ton dolent à madame Gélinotte qui n'avait point bougé d'auprès de lui :

— Ah ! je n'en puis plus !... je n'en puis plus !... qu'est-ce que vous dites de tout cela ?...

— Franchement, je dis que vous avez tort...

Le procureur fit un bond sur sa chaise.

— Tort ! — s'écria-t-il.

— Eh ! sans doute !... — pourquoi la quereller..... — une femme n'aime pas beaucoup à voir que son mari se dérange.

M. Picon cacha sa tête dans ses deux mains.

Madame Gélinotte venait de lui porter le dernier coup.

— Ah ça ! eh ! Picon — dit la voix joyeuse d'un nouveau personnage — à quoi diable vous amusez-vous donc, et pourquoi me laissez-vous là-haut, croquer le marmot tout seul ?

Ce personnage était le procureur Ségot — petit homme aussi gras et rond que son ami était fluet et maigre.

Le pauvre Picon se leva pour aller au-devant de son confrère.

— Ah! Ségot!... Ségot!... — lui dit-il — je suis au désespoir!...

— Comment? qu'y a-t-il?

— Il y a que je viens de trouver ma femme en partie carrée.

— Votre femme en partie carrée!... — répéta Ségot dans les accès d'un rire fou — votre femme au Moulin de Javelle!... — ah! ah! ah!... cela est trop drôle!... et avec qui donc, s'il vous plaît?...

— Avec la vô re, monsieur Ségot!... — cria Picon — avec la votre! — riez donc encore!...

Le second procureur devint aussitôt sérieux.

— Avec la mienne? — balbutia-t-il.

— Oui, avec la vôtre... — ah ! ah ! ah !... cela est trop drôle!... n'est-ce pas, monsieur Ségot, n'est-ce pas ?...

Madame Gélinotte intervint.

— Et vous êtes bien heureux — dit-elle de ne pas être descendu le premier... — au moins il n'y aura pas de plainte contre vous...

— De plainte contre moi ? — que parlez-vous de plainte, et qu'est-ce que cela signifie ?...

— Cela signifie — répondit Picon amèrement — qu'elles venaient pour souper ici et que, trouvant la place prise, elles vont s'en plaindre... — Comprenez-vous maintenant ?

— Et qui est avec elles ?...

— Deux messieurs... deux freluquets... qui les ramènent à Paris.

— Il faut suivre cette affaire-là, monsieur Picon.

— Vous avez raison! — si cela se sait, on se moquera de nous, encore...

—Eh! quelqu'un de la maison, nos perruques, nos chapeaux, nos cannes, s'il vous plaît, nous partons...

— Je m'en vas moi-même chercher toutes vos affaires... — dit madame Gélinotte en rentrant dans la maison.

Les deux procureurs, restés en face l'un de l'autre se regardaient tristement et sans mot dire.

Madame Gelinotte reparut, chargée de tout un attirail de tricornes, de cannes à bec de corbin et de perruques à trois marteaux.

Son mari l'accompagnait.

XXI

Une gaillarde.

— Tenez, messieurs — dit l'hôtesse — voici vos *bibelots*... rien n'y manque...

— Est-ce que vous ne voulez pas qu'on vous serve votre matelotte? — demanda Thomas Gélinotte — elle est toute prête, et de bonne mine.

— Ah! maugrebleu des matelottes!... — s'écria Picon — si j'en viens manger de ma vie, que le grand diable me torde le cou!!...

— Nous sommes bien fâchés que vous soyez fâchés — reprit madame Gélinotte, tandis que les procureurs s'ajustaient — mais il n'y a vraiment pas de notre faute...

— Ce n'est rien — répliqua Picon.

— Mais si... mais si...

— Mais non!... encore une fois, vertubleu!...

— Ne vous fâchez pas, au moins, monsieur le procureur...

— Qu'est-ce qu'on vous doit?

— Tout ce qu'il vous plaira, messieurs,— dit l'hôte.

— Mais, encore?...

Gélinotte se tourna vers sa femme.

— Qu'est-ce qu'il y a? — lui demanda-t-il.

— Hélas! presque rien...

— Voyons.

— Huit francs de matelotte — Cent sols d'écrevisses et sept francs dix sols pour le reste — cela fait tout juste vingt et une livres dix sols...

— Mais, votre matelotte et vos écrevisses — dit Picon — on ne nous les a seulement pas servies!...

— Oh! ça ne fait rien... ça ne fait rien...

— Comment!...

— Vous les avez commandées... — Nous ne sommes point cause, nous, si vos femmes sont venues vous empêcher de les manger...

— Oui, mais..

— Tenez — répliqua madame Gélinote d'un ton sec — point de *mais* avec nous, monsieur le procureur, ou bien je déposerai que vous avez levé la main sur madame Picon, je vous en préviens...

— Eh! donnez-leur ce qu'ils demandent! — s'écria Segot. — Je suis sur les épines moi...

— Tenez — dit Picon — voici mon demi louis d'or. — Donnez le vôtre...

— Le voilà — vous n'en aurez pas plus...

— Ah! — fit madame Gélinotte — nous ne rançonnons personne — une autre fois nous gagnerons davantage...

— Si l'on nous revoit ici, par exemple!...
— murmurèrent à la fois les deux procureurs en tournant sur leurs talons.

— Bon voyage, messieurs, bon voyage! — leur cria l'hôtesse.

Puis Gélinotte et sa femme les regardèrent en riant s'éloigner.

— Ah! ma foi — dit Thomas, lorsque les pauvres maris eurent disparu. — Voilà deux bourgeois qui se sont bien divertis pour leur argent! — N'est-ce pas femme?...

— C'est bien fait!

— Tu trouves?

— Ah Dieu! oui! — Est-ce à des magots comme cela, qui ont de jolies femmes, à se trouver sur leurs brisées?...

— Tu as raison, ils avaient tort.

— Ne doivent-ils pas savoir qu'il y a des

endroits autour de Paris qui ne sont pas faits pour eux...

— Ils le savent maintenant, et je pense qu'ils s'en souviendront...

Après l'échange de ces quelques réflexions philosophiques M. Gélinotte rentra dans la maison, et sa femme alla sous la tonnelle occupée par Grain-d'Orge et les deux bandits, pour s'assurer si ces trois honorables personnages n'avaient besoin de rien.

Soudain la digne hôtesse poussa un cri de surprise, à la vue d'une société de quatre personnes qui se dirigeaient du côté de la guinguette en riant aux éclats.

Or, ces joyeux personnages, n'étaient autres que mesdames Picon et Segot, toujours en compagnie du vicomte Lycidas et du chevalier de la Popelinière.

— Eh? mais — s'écria madame Gélinotte — je ne sais si j'ai la berlue!... C'est un petit miracle, que de vous revoir!... Je vous croyais effarouchées pour plus de huit jours!...

— Ah! répliqua madame Picon en riant toujours. — Je ne m'effarouche pas si aisément et nous serons ce soir, ici, mieux qu'en tout autre lieu du monde...

— Comment, vous comptez rester?...

— Certes!

— Y songez-vous?

— Monsieur mon mari ne nous soupçonnera pas d'y être sitôt revenues... Il n'a pas assez d'esprit pour cela, le cher homme... Est-il allé rejoindre sa compagnie?...

— M. Segot? — Certainement.

— Quoi? — s'écria la femme du second

procureur — mon mari était ici avec le tien?

— Mais à ce qu'il paraît ma chère...

— Et, sait-il que je t'accompagnais?

— Ah! — fit l'hôtesse — certainement qu'il le sait! — M. Picon n'a rien eu de plus pressé que de le lui dire.

— Alors — murmura la procureuse d'un ton dolent — alors, je suis perdue!...

— Bon! — répliqua madame Picon — perdue!... es-tu folle, et t'embarrasses-tu si fort d'un mari?...

— Si je m'en embarrasse! — Mais je le crois bien!... le mien est la plus méchante langue que je connaisse!...

— Oh! quant à ça — appuya madame Gélinotte — le fait est qu'il ne l'a pas bonne!... — c'est lui qui a mis le feu sous le ventre à l'autre, et, à l'heure qu'il est, ils s'en vont tout bellement vous chercher à Paris, pour vous quereller plus à leur aise.

— Et leur matelotte? et leurs écrevisses? — demanda madame Picon.

— Ils n'ont pas eu le temps de les manger....

— Ah! tant mieux!

— Mais, elles sont payées...

— Tu dis?...

— Je dis qu'elles sont payées.

— Vrai?

— Deux demi louis d'or que voici.

Madame Picon frappa dans ses mains.

Puis elle s'écria, en riant aux éclats comme une folle:

— A la bonne heure! — qu'on nous les serve! — Voilà des maris qui font bien les choses!... — Venir eux-mêmes au Moulin de Javelle y faire apprêter le dîner de leurs femmes!... — Allons, ils sont bonnes gens!...

— Cela est en effet fort honnête — dit madame Gélinotte, très contrariée, au fond, d'avoir dit une vérité qui diminuait d'autant sa recette.

— Quelle furieuse querelle nous allons avoir à soutenir en rentrant chez nous! — hasarda madame Segot, plus timide et un peu moins aguerrie que sa compagne.

— Eh! bien, n'y rentrons que demain.

— Es-tu folle?

— Pas du tout!...

— Passer la nuit dehors! — tu n'y songes pas?...

— Au contraire. — Les affaires criminelles deviennent meilleures en vieillissaut! — C'est un axiôme du Palais, à ce que dit mon mari...

— Ainsi, tu veux?...

— Nous tranquilliser l'esprit et rester ici, tandis que leur premier mouvement passera. — Plus l'aventure sera forte et plus ils craindront qu'elle éclate, à cause du ridicule... — demain ils se trouveront trop heureux de nous revoir, et nous leur ferons une scène...

— Fort bien! — Mais les choses tourneront-elles ainsi que tu crois?

— J'en réponds. — Les maris sont devenus bien prudents, depuis quelques années...

—Vertu de ma vie! — pensait madame Gélinotte en écoutant le dialogue qui précède — se peut-il que ce soient là des bourgeoises ! — elles ont des manières bien de qualité !...

— Allons, allons, ma chère Gélinotte — reprit madame Picon — vite un salon — du vin de Champagne, grand' chère, et de la glace... Nous ne te demandons pas autre chose... — Ah! si par hasard, des ménétriers passaient de ces côtés, tu nous les ferais venir... — Je me sens de joyeuse humeur...

— Je n'y manquerai pas — répondit l'hôtesse.

Et nos quatre personnages entrèrent gaîment dans la maison, au grand regret des spectateurs invisibles de cette scène, qui l'auraient voulu voir se prolonger davantage.

§

Cependant Grain-d'Orge, le chevalier de La Bricole et don Gusman de Tulipano avaient achevé leur repas.

Il ne leur restait plus qu'à fixer d'une façon positive l'endroit où devrait stationner le carrosse dans lequel on jetterait Nannette Lollier aussitôt qu'on l'aurait séparée de sa famille.

Les complices se dirigèrent vers les bords de la Seine et examinèrent le terrain avec attention — du moins Grain-d'Orge, car les deux autres étaient en ce moment légèrement avinés.

A une centaine de pas de la maison, le mercure galant du seigneur inconnu avisa un petit bouquet d'arbres qui lui sembla propre à dérober aux regards indiscrets l'équipage dont il était essentiel de dissimuler la présence.

L'endroit était bien choisi, mais un peu loin de la maison.

Plus près, la plage gazonnée était complètement nue, et, le soir, encombrée de promeneurs.

Soudain Grain-d'Orge se frappa le front.

— Hein? — demanda La Bricole — qu'y a-t-il, mon noble ami...

— Il y a que j'ai une idée...

— Une idée!... voyons... dites-là!.... — J'ai la meilleure idée, de votre idée, moi!... Elle doit être fort bonne, mon bon...

— Jusqu'à ce jour, tous les enlèvements se sont effectués en carrosse...

— Mais, à moins de les faire à pied... ou à cheval... je ne vois pas trop comment on pourrait...

— Seulement — interrompit Grain-d'Orge — un carrosse a l'inconvénient de se remarquer toujours...

— Dam !... à moins d'être invisible... et les carrossiers n'ont pas encore inventé ce genre de carrosses...

— Eh bien ! moi, je viens de trouver autre chose...

— Quoi donc?

— Nous n'enlèverons pas la petite fille dans une voiture...

— Ah! bah ! et, dans quoi donc, mon bon ?

— Dans un bateau.

— Tiens! tiens!... — c'est votre idée, ça!...

— Oui. — Comment la trouvez-vous?...

— Bonne... très bonne... aussi bonne, ma foi, que les côtelettes aux cornichons et les goujons frits de tout à l'heure... — Où sera-t-il, ce bateau?...

— Là, — confondu avec ces lourdes barques de pêche que nous voyons amarrées à la rive. — Deux vigoureux rameurs attendront — prêts à fendre l'onde... et retrouvez donc une embarcation légère, dans l'obscurité et sur les eaux brumeuses d'un grand fleuve...

La Bricole saisit la main de Grain-d'Orge, et la secoua à la briser.

— Mon ami... mon noble ami...—lui dit-il, vous avez toute mon estime... — Quand j'aurai un million ou deux... je vous prendrai à mon service, mon bien bon... — Elle est magnifique, votre idée... — je suis bien fâché de ne pas l'avoir eue moi-même... car, si je l'avais eue, j'aurais de l'esprit... et j'adore les gens d'esprit...

— Ah! ça — demanda Grain-d'Orge — j'espère que lorsque le moment d'agir sera venu, vous aurez tout votre sangfroid...

— Qu'entendez-vous par là, Grain-d'Orge ?...

— J'entends que votre cerveau sera libre, en deux mots et pour parler plus clairement, que vous serez à jeun...

— Ah ! vous dites cela, mon bon... parce que, ce matin, j'ai la langue un peu épaisse... Mais, soyez paisible, je me connais... — aussi les jours d'actions, je ne bois que de l'eau...

— A merveille. — Maintenant je vous quitte et je retourne à Paris en toute hâte...

— Pourquoi donc si vite, cher ami?

— Parce qu'il faut que je me procure aujourd'hui même une barque convenable et des bateliers sûrs...

— Allez donc, mon bien bon!... puisqu'il le faut... Mais, ventre de biche!... vous avez eu une belle idée!...

XXII

Le mariage.

Le samedi, jour fixé pour le mariage d'Eustache Lollier et de Rosette, était arrivé — trop lentement au gré des deux amoureux.

Transportons-nous, dès le matin de ce

jour, dans le modeste logis que madame Pierrefitte, la mère de Rosette, occupait au quatrième étage d'une maison de la rue Saint-Denis.

Tout était sens dessus dessous dans cet humble appartement.

Une demi-douzaine de charmantes jeunes filles — au milieu desquelles Nanette Lollier brillait comme un diamant parmi des perles — s'occupaient de la toilette de la fiancée.

Cette dernière, éblouissante de fraîcheur et de grâce, était toujours souriante, mais moins franchement rieuse qu'à l'ordinaire.

La belle jeune fille, malgré l'infinie légèreté de son caractère, aimait de toute son âme le sergent aux gardes-françaises, et l'approche du bonheur la faisait rêver et donnait un peu de sérieux à son esprit.

Ses compagnes trouvaient un plaisir sans égal à l'ajuster dans ses blancs atours de mariée.

L'une accrochait par derrière les agrafes du corsage qui dessinait à ravir sa taille si fine et si souple.

Une autre attachait sur ses beaux cheveux blonds le long voile de mousseline dont les plis flottants donnaient à sa figure mutine une expression chàste et presque recueillie.

Nanette, enfin, fixait à sa ceinture le bouquet de fleurs d'oranger symbolique.

— Voilà qui est fait — dit-elle, quand elle eût achevé sa tâche; — et regardez donc un peu, mesdemoiselles, comme, ainsi parée, ma Rosette est jolie!...

— Tu me flattes toujours! — répondit vivement Rosette; — et c'est parce que tu m'aimes que tu me vois en beau! — Mais c'est toi, Nanette, c'est toi, petite sœur, qui seras une merveille avec le voile et la couronne de mariée!... — oh! que je voudrais être au jour où, à mon tour, je t'habillerai! Heureusement que ce jour viendra bientôt...

— Bah! qui sait? — répliqua Nanette en riant.

— Comment, qui sait? — est-ce que tu te figures que, belle comme te voilà, avec un vrai visage de sainte Vierge, les épouseurs te manqueront? — J'ai bien trouvé un mari, moi, et un bon!

— Oh! ce n'est pas une raison...

— Au contraire, c'en est une — et je la crois sans réplique.

— Il est possible que tu aies raison; mais je t'assure que mes pressentiments ne sont pas de ton avis...

— Tes pressentiments?

— Oui.

— Tu en as donc?

— Très souvent et toujours les mêmes.

— Que te disent-ils?

— Que je n'aurai jamais de mari.

— Allons donc! ces pressentiments-là n'ont pas le sens commun!... est-ce que par hasard tu voudrais te faire religieuse?

— Ma foi, non ! — répondit Nanette avec un mouvement de tête plein de coquetterie enfantine.

— Tu vois bien... — il n'y a cependant pas de milieu... le couvent ou un mari. — Encore une fois, ce n'est pas avec ta beauté qu'on reste vieille fille !

— Mais, quand on meurt... — murmura Nanette d'une voix à peine distincte.

Cependant Rosette l'entendit.

— Enfant! — lui dit-elle en l'embrassant — est-ce que tu vas m'attrister ?... Songe donc que, si tu dis de pareilles folies, je vais pleurer, moi, d'abord... et si ton frère me voit les yeux rouges il ne sera pas content.

Nanette allait répondre.

Mais on frappa à la porte de la chambre, et une voix bien connue demanda :

— Puis-je entrer ?

Cette voix était celle d'Eustache Lollier, qui, ce jour-là, n'avait pas encore vu sa fiancée.

Nanette courut à la porte, qu'elle ouvrit à son frère.

Le jeune sergent avait revêtu son uniforme de grande tenue ; il était magnifique, et plus d'une grande dame, nous l'affirmons, n'aurait point dédaigné de jeter sur lui un regard d'investigation connaisseuse.

Il embrassa successivement toutes les jeunes filles qui se trouvaient là — en commençant par sa blonde fiancée et en finissant par sa sœur.

Puis il annonça que les fiacres qui devaient charrier les gens de la noce stationnaient devant la porte et n'attendaient plus que les mariés et leur suite.

La toilette était terminée — les grands parents étaient prêts. — On descendit et on partit pour l'église.

Les jeunes époux courbèrent le front sous la bénédiction du vénérable prêtre qui leur dit, en les unissant, quelques paroles simples et touchantes.

Ils prononcèrent le *oui* solennel, et, devant Dieu et devant les hommes, ils appartinrent l'un à l'autre.

Lorsqu'ils redescendirent la nef pour regagner les voitures, on entendait, dans la foule qui s'empressait sur leur passage, s'échanger les phrases suivantes :

— Oh! comme la mariée est jolie!...

— Mais il me semble, compère, que le marié ne lui cède en rien!

— C'est vrai... si l'une est une jolie fille, l'autre est un bien beau garçon!

— Quel couple charmant!...

— Et comme ils ont l'air heureux!

— Ma foi, je voudrais bien être à la place du marié!...

— Et vous, à celle de la mariée, peut-être...

— Mais, voyez donc, parmi les filles d'honneur, cette jeune fille aux cheveux bruns!...

— C'est celle-là, qui est jolie!...

— Un trésor!...

— Un miracle d'amour et de beauté...

— C'est celui qui l'épousera qui aura de la chance !...

— Mais je la connais bien, moi...

— Qui donc est-ce ?

— C'est la sœur du marié... c'est la belle Nanette Lollier, la fille de la mère Lollier de la rue Aubry-le-Boucher...

— Eh bien ! la mère Lollier peut se vanter d'avoir fait de beaux enfants !...

Voilà ce qui se disait — et bien d'autres choses encore, dont nous remplirions facilement dix ou douze pages — et même un peu plus.

Mais nous préférons nous abstenir.

La noce sortit donc de l'église — chacun des conviés reprit dans un des fiacres sa place respective, et le cortége se mit lentement en marche vers le Moulin de Javelle, où, depuis le commencement de ce livre, nous avons si souvent conduit nos lecteurs.

On était en été — la température était douce et le temps magnifique.

Par les soins d'Eustache les tables du banquet avaient été dressées, non point dans l'une des salles intérieures de la guinguette, mais sur une vaste pelouse entourée de grands arbres, et qui s'étendait à la gauche de la maison.

C'est là aussi que le bal devait avoir lieu après le repas, — et une estrade, formée par des planches posées sur des tonneaux, avait été installée entre deux tilleuls pour l'orchestre, emprunté, comme nous savons, par Eustache, à la musique des gardes-françaises.

C'est assez dire combien cet orchestre devait être supérieur à tous ceux qui faisaient d'habitude retentir du bruit criard de leurs aigres crins-crins les échos du Moulin de Javelle.

Le repas se passa comme tous les repas de noces — on mangea — on but — on chanta des couplets de circonstance, improvisés pour les époux, par les poètes de la société.

Puis, enfin, on quitta la table, et comme il était de beaucoup trop bonne heure encore pour se mettre en danse, on proposa une promenade sur l'eau.

Cette motion fut accueillie avec empressement par tout le monde, et avec un véritable enthousiasme par toutes les jeunes filles.

M. Gelinotte envoya la grosse Simone mettre en réquisition les pêcheurs d'alentour avec leurs barques, et, au bout de quelques instants, les convives de la noce se dirigèrent vers le bord de l'eau.

Une véritable escadrille de barques plates et lourdes, aux grossiers avirons, attendait les promeneurs.

Chacun s'installa.

Mais les barques se trouvèrent pleines et il restait encore cinq ou six personnes sur la rive.

Quelqu'un avisa, à une vingtaine de pas de l'endroit en question, un canot peint en noir, et qui semblait d'une légèreté phénoménale comparé aux autres embarcations.

Dans ce canot dormaient, couchés sur le

ventre, deux hommes en costume de pêcheurs.

— Voilà des gens qui vont nous conduire, — dit, en désignant le canot en question, le père Lollier, lequel se trouvait au nombre des retardataires.

On s'approcha du canot.

— Eh! mes braves gens...— dit l'employé à la propreté du Carreau des Halles en se faisant un porte-voix avec ses deux mains — Dormez-vous?

L'un des hommes couchés dans la barque releva la tête.

— Vous voyez bien que non — dit-il d'un ton bourru.

— Voulez-vous nous laisser monter dans votre bateau et nous conduire?

— Non.

— Pourquoi?

— Parce que ça ne nous convient pas.

— Mais — reprit le père Lollier — nous ne vous demandons pas de nous rendre ce service-là pour rien... vous serez payés, et bien payés...

Le pêcheur avait déjà laissé retomber sa tête sur ses bras et semblait rendormi.

— Ainsi — demanda de nouveau le père de Nanette — vous ne voulez pas?...

— Non! sacrebleu! non! trois fois non! — répliqua le pêcheur — notre barque est à nous, je pense — laissez-nous donc en repos! — Nous ne vous promènerons pas!...

En face d'une décision aussi nette, — exprimée d'une façon aussi énergique, — il n'y avait plus rien à tenter.

Les convives qui n'avaient pas de place dans les barques durent donc se contenter d'une promenade à pied sur le bord de l'eau.

XXIII

Le canot noir.

La nuit descendit, calme et sereine — le ciel, sans nuages, mais étoilé, souriait à la terre, — de tous côtés on entendait retentir les chants joyeux des buveurs avinés.

Les promenades sur l'eau étaient depuis

longtemps finies et tous les conviés de la noce d'Eustache Lollier. rassemblés dans la salle de verdure dont nous avons déjà parlé, n'attendaient qu'un signal pour ouvrir le bal.

Quelques quinquets, attachés au tronc des grands arbres, projetaient une lueur indécise qui semblait à tous un brillant éclairage.

Enfin retentirent les premiers accords des musiciens des gardes-françaises, huchés sur leur estrade en compagnie de nombreux brocs de vin vieux.

Aussitôt la danse commença.

Eustache avait pris la main de sa femme.

Nanette Lollier avait abandonné la sienne à un jeune sergent, ami intime de son frère.

Les deux couples s'ébranlent à la fois,

et commencent à dessiner gracieusement les figures du gothique rigodon.

§

Tandis que tout ceci se passait sur la pelouse — quatre personnages, dont deux sont de notre connaissance — erraient d'une façon mystérieuse dans la partie la plus sombre de la prairie, derrière les grands arbres qui formaient l'enceinte de la salle de danse.

C'étaient le chevalier de La Bricole — don Gusman de Tulipano et deux chenapans en sous ordre, recrutés pour la circonstance, et dont trois ou quatre louis, au plus, devaient payer très libéralement les services.

— Attendez-moi là... — dit tout à coup La Bricole à ses compagnons.

— Où vas-tu ? — demanda Tulipano.

— Je reviens — répliqua le chevalier, sans s'expliquer davantage.

Et, d'un pas allongé comme le trot d'un cheval de course, l'homme maigre se dirigea vers la rive de la Seine et gagna cet endroit où nous savons qu'était amarré le canot noir.

Mais le canot se perdait si complétement dans les ténèbres qu'il était impossible de le distinguer.

— Psit!... — dit le chevalier en s'arrêtant.

Rien ne répondit.

— Psit!... — répéta-t-il une seconde fois, avec une intonation particulière.

Sans doute la double répétition de ce son aigu et prolongé était une chose convenue d'avance, car une voix, traversant l'obscurité, répondit aussitôt :

— Nous voilà...

— Où diable êtes-vous ? — demanda La Bricole tout bas.

— Ici.

— Je n'y vois goutte.

— A droite et quatre pas. — Vous y êtes...

Le chevalier suivit en effet cette indication et se trouva à la pointe du canot noir.

Les deux hommes, en costume de pêcheurs, n'étaient plus couchés, mais assis.

Ils tenaient à la main leurs avirons légers, dont les anneaux se fixaient à de petits *tolets* de fer.

Un troisième personnage se leva et sauta sur le rivage, à côté du chevalier.

— C'était Grain-d'Orge.

— Où en sommes-nous? — demanda ce dernier,

— Nous touchons au but. — Avant une heure vous aurez la petite...

— Bien. — Où avez-vous laissé vos hommes?

— Là bas, près de l'endroit où l'on danse.

— Comment attirerez-vous l'enfant?

— C'est mon affaire.

— Vous savez... ni bruit, ni scandale...

— Pardieu ! — les choses se passeront si doucement que personne ne s'apercevra de rien...

— A merveille. — De notre côté, nous sommes en mesure, pour démarer immédiatement...

— Vous vous rappelez de la somme convenue ?

— Ces choses-là ne s'oublient point.

— Vous avez l'argent sur vous ?

— Oui — répondit Grain-d'Orge en frappant sur sa poche, qui rendit un son métallique — la somme est là, en or, dans une bourse de peau...

— Parfait ! — Et vous me la remettrez ?...

— En échange de la petite... Donnant, donnant — vous me la tendrez d'une main, vous toucherez de l'autre...

— Je n'en demande pas davantage, et je retourne à mon poste...

— Bonne chance !...

— A tout à l'heure...

Le chevalier rejoignit en effet son monde, sans perdre un instant.

Il installa don Gusman et les deux hommes derrière un buisson qui se trouvait à une trentaine de pas de l'endroit où l'on dansait, et il leur dit :

— Vous avez le bâillon ?

— Oui — répondit un des hommes.

— Et vous savez vous en servir.

— Je n'ai fait que ça toute ma vie...

— Prenez garde, surtout, de blesser la petite personne...

— Soyez tranquille !

— Qu'elle ne puisse pas pousser un seul cri, mais ne lui faites pas le moindre mal...

— Livrer une marchandise détériorée, ça

n'est point reçu ! Diable, soyons honnêtes !...

Ces explications données, La Bricole se dirigea vers les cuisines du Moulin de Javelle.

Il avisa deux marmitons à qui il fit signe de le suivre — les enfants, éblouis par les galons de cuivre doré du chevalier, ne firent point la sourde oreille.

La Bricole les conduisit dans un endroit, où, à travers une éclaircie du feuillage, on voyait le bal et les danseurs.

— Petits garçons — leur dit-il — qu'est-ce que vous penseriez si je vous donnnais à chacun un écu ?

— Dam ! nous penserions que nous serions bien aise... mon prince...

— Eh bien! mes enfants, les voici. Mais il faut les gagner..

— Est-ce difficile?

— Non.

— Alors, mon prince, qu'est-ce qu'il faut faire?

— Il s'agit d'une petite farce... d'une simple plaisanterie que je veux faire à mon cousin et à ma cousine qui sont de la noce...

— Ah!... ah!...

— Tu vois bien — reprit La Bricole en s'adressant à l'un des marmitons auquel il désigna Marcel — tu vois bien ce joli jeune homme, qui se tient là, debout, près de l'orchestre?...

— Celui qui ressemble presque à une demoiselle?...

— Oui.

— Eh bien?

— Tu vas t'en aller tout doucement auprès de lui, sans faire semblant de rien... — Tu lui diras, en le tirant par sa manche : — *C'est vous qui êtes monsieur Marcel ?* — il te répondra : — *Oui.* — Alors, tu ajouteras : — *Venez avec moi, il y a par là une jolie dame qui veut vous parler...*

— Ça n'est pas difficile.

— Il te suivra et tu le conduiras de ce côté-là, sur la route de Paris, pendant au moins cinq minutes...

— Et, ensuite ?

— Ensuite, tu auras l'air de ne plus trouver la dame, vous reviendrez tous les deux, et tu auras gagné ton petit écu, que voici d'avance...

L'enfant empocha l'argent.

— As-tu compris ? — demanda La Bricole.

— Parfaitement, mon prince...

— Alors, va vite...

Le marmiton se glissa dans le bal.

Il s'approcha de Marcel auquel il parla tout bas. — Les yeux du frère de Nanette brillèrent d'une flamme vive, et il suivit le jeune mercure en veste blanche.

— Et d'un !... — pensa La Bricole.

— A ton tour, maintenant — dit-il à l'autre marmiton.

— Qu'est-ce que vous me commanderez, mon prince ?

— Tu vois bien cette jolie demoiselle, qui rattache une épingle à la mariée ?

— Cette demoiselle qui a des cheveux noirs avec des roses rouges, et qui ressemble au jeune homme de tout à l'heure!

— Elle-même. — C'est ma cousine. — Tu feras comme ton camarade — tu t'approcheras d'elle, et tu lui diras : — *Est-ce vous qui êtes mademoiselle Nanette ?*

—Elle me répondra : — *Oui.*

— Tu as de l'esprit comme un ange, toi, marmiton!... — tu lui diras : — *Votre frère Marcel m'envoie vous dire qu'il vous attend pour une surprise à faire à la mariée...* te rappelleras-tu bien ?

L'enfant répéta la phrase.

— Au lieu d'un petit écu tu en auras deux, — les voici...

— Merci, mon prince!...

—Tu amèneras la jeune personne près de ce buisson que tu vois d'ici — et c'est moi qu'elle y trouvera au lieu de son frère

— ce sera fort drôle... — allons, cours !...

Le marmiton obéit.

Il s'approcha de Nanette, à laquelle il débita avec un aplomb imperturbable les deux phrases convenues.

La jeune fille ne conçut pas l'ombre d'un doute.

— Où donc est-il, mon frère? — demanda-t-elle.

— J'vas vous conduire vers lui, mam'selle — répondit l'enfant.

Nanette le suivit en ayant grand soin d'empêcher que sa sortie ne fut remarquée, de crainte qu'on ne la questionnât et que cela ne fît manquer la surprise.

Les quatre complices — muets — étouffant leur haleine — attendaient derrière le buisson.

La jeune fille le dépassa en disant gaîment:

— Marcel, es-tu là ?... me voici...

Au même instant elle sentit une main vigoureuse appuyer sur sa bouche un mouchoir, tandis que quatre bras la soulevaient et l'emportaient rapidement.

Le marmiton était déjà retourné à la cuisine — riche de ses deux écus et se demandant à quel usage il allait consacrer cette somme importante.

§

Quelques minutes après ce moment, le canot noir, détaché de la rive, glissait comme une flèche sur les eaux de la Seine, poussé dans les sens du courant par les avirons de deux rameurs expérimentés.

M. Grain-d'Orge soutenait dans ses bras un corps inanimé qui devait être celui d'une jeune fille évanouie.

La Bricole et don Gusman comptaient des pièces d'or sur la plage.

Le bal continuait, plus joyeux.

DEUXIÈME PARTIE

———

LES PRINCES DE COURTENAY

I

La lettre

Nous prions nos lecteurs de ne pas s'en prendre à nous si les faits par lesquels commence cette seconde partie — et sur lesquels, du reste, nous allons passer très rapidement — leur paraissent peu vraisemblables.

Nous n'inventons rien.

S'ils ne s'en rapportent point aveuglément à notre parole, ils peuvent consulter la source où nous puisons : ARCHIVES SECRÈTES DE LA POLICE DE PARIS — *tome* II — *pages* 170 *et suivantes.*

§

Nous n'avons pas besoin de dire combien fut profond le désespoir de la famille Lollier après ce bal de noces, commencé d'une façon si joyeuse et fini si tristement.

Toutes les recherches faites pour découvrir ce qu'était devenue Nanette, furent complétement infructueuses.

Le seul renseignement sur lequel il fut possible de se baser pour une enquête, était le signalement de l'homme grand et maigre, donné par les deux marmitons du Moulin de Javelle qui avaient été chargés par lui de faire tomber dans un double piége Marcel et Nanette Lollier.

A coup sûr cet homme était le même que celui qui, quelques jours auparavant, avait eu l'audace de se présenter rue Aubry-le-Boucher, chez la poissarde, en se disant l'ami du sergent aux gardes-françaises.

Eustache fouilla Paris, jusque dans ses bas-fonds les plus ténébreux, pour retrouver cet homme.

Mais il ne put en venir à bout.

Le chevalier de La Bricole — nanti des louis d'or de Grain-d'Orge — avait quitté la grande ville où il ne devait plus revenir, car don Gusman de Tulipano, son digne ami, après avoir témoigné le désir de l'accompagner dans ses pérégrinations, l'avait bel et bien assassiné à la première couchée, pour s'emparer du sac de peau gonflé d'or.

D'ailleurs, quand bien même on eût mis la main sur le chevalier, à quoi cela eût-il servi?

La Bricole ne savait rien, et, par conséquent, n'aurait rien pu dire.

Peu à peu, tout espoir de voir revenir Nanette se perdit.

Certes, on n'oublia point la jeune fille, mais on évita de parler d'elle dans sa famille, car, chàque fois que le nom de son enfant chérie était prononcé devant Marie-Jeanne, la pauvre mère retombait dans les crises d'un désespoir effrayant.

Trois années se passèrent ainsi.

Puis, un beau matin, un *gagne denier*, ou commissionnaire, vint apporter une lettre à madame Lollier.

Marie-Jeanne avait déjà quitté son logis pour aller à la Halle.

Le commissionnaire était payé. — Il laissa la lettre et il s'en alla.

A l'heure accoutumée, la poissarde revint et la lettre lui fut remise.

La poissarde ne savait pas lire et son embarras se trouvait fort grand.

Par bonheur, en ce moment, son fils Eustache arrivait chez elle avec sa femme, la blonde Rosette, qui riait un peu moins souvent qu'autrefois quoiqu'elle se trouvât encore plus heureuse, et qui l'avait déjà rendu père de deux beaux enfants.

— Eustache — lui dit Marie-Jeanne — toi *qu'est* un savant, lis-moi donc un peu ce qu'il y a là-dessus...

— Volontiers, ma mère — répondit le sergent en prenant la lettre.

Il brisa le cachet — déploya le papier — le défrippa en le frottant sur sa manche, avec ce geste qui est devenu de tradition au théâtre, puis, jetant les yeux sur les premières lignes, il s'écria tout à coup :

— Ah! mon Dieu!... Ah! mon Dieu!...

— Eh! bien, quoi!... — demanda vivement Marie-Jeanne — qu'est-ce que c'est?... Un malheur?...

— Oh! ma mère... bien loin de là!...

— Enfin, je respire... dis vite... dis vite!...

— Ma mère.. soyez forte...

— Je le suis... mais tu me fais trembler... va donc...

— Eh ! bien... Nanette...

Marie-Jeanne devint pâle comme une morte.

— Nanette... — répéta-t-elle — tu as dit : *Nanette*... et... quand je t'ai demandé si c'était un malheur... tu as répondu *bien loin de là*...

La pauvre femme ne put en dire plus long.

La voix lui manquait — ses jambes tremblaient et se dérobaient sous elle.

Rosette lui avança une chaise et l'aida doucement à s'asseoir.

— Écoutez donc, ma mère... — reprit Eustache — mais, encore une fois, soyez forte...

Et il lut:

« Madame,

» Votre fille, mademoiselle Nanette Lollier, est sous ma garde, dans le couvent des Carmélites de la rue du Bouloy, dont je suis l'abbesse.

» Je la remettrai, soit entre vos mains, si vous venez la chercher vous-même — soit entre celles de quelque prêtre respectable et connu de moi, s'il se présente de votre part et muni de votre mandat.

» Et je prie Dieu du fond de mon cœur, de veiller sur vous et sur les vôtres. »

Puis venait la signature de la supérieure.

Quand Eustache eut achevé, Marie-Jeanne avait l'œil fixe et le regard sans expression.

Sa pâleur ne diminuait point.

— Ma mère — s'écria le jeune homme — ma mère, avez-vous entendu ?...

— Recommence — dit lentement Marie-Jeanne — je veux entendre encore — il me semble que je n'ai pas compris...

Le sergent aux gardes recommença sa lecture.

A chaque phrase — A chaque ligne — à chaque mot, un changement inouï, prodigieux, se faisait sur le visage de la poissarde.

Le sang colorait ses joues — son front rayonnait — la joie illuminait son regard.

Lorsque le jeune homme eut prononcé

le dernier mot de la dernière ligne, Marie-Jeanne se leva, et, pendant quelques minutes, on eut pût croire qu'elle était devenue folle.

Elle riait — elle chantait — elle frappait dans ses mains — elle dansait comme une jeune fille, en répétant :

— Nanette est retrouvée !... Nous allons la revoir... Courons !... courons !... il ne faut pas perdre une minute...

Enfin, cette effervescence se calma quelque peu. — Marie-Jeanne comprit qu'elle ne pouvait se présenter au couvent dans sa toilette de la Halle.

Elle se hâta donc de revêtir ses plus beaux atours, et, montant avec Eustache et Rosette dans un fiacre que le jeune homme était allé chercher pendant que sa mère s'habillait, elle donna l'ordre au cocher de les conduire, d'abord, au logis du curé de la paroisse.

Nous savons depuis longtemps que ce digne prêtre était le protecteur, et en quelque sorte l'ami de la famille Lollier.

Il sympathisait à toutes ses peines — il prenait part à toutes ses joies.

En ce temps-là, lorsqu'il était question d'une affaire de haute importance, c'était presque toujours au curé qu'on s'adressait afin de lui demander un conseil.

Le plus souvent, cette confiance était justifiée, et, dans bien des circonstances, l'intervention d'un bon prêtre remplaçait avec infiniment d'avantage celle des gens de loi et de justice.

Dans tous les cas, jamais confiance n'avait été mieux placée que celle que Marie-Jeanne témoignait au curé de sa paroisse, homme excellent, charitable et éclairé.

La poissarde lui montra la lettre qu'elle venait de recevoir.

Il se réjouit du bonheur inattendu qui venait d'arriver à l'honnête famille.

Il témoigna tout le plaisir qu'il aurait à revoir cette charmante Nanette qu'il avait baptisée jadis.

Et, enfin, il offrit à madame Lollier de l'accompagner au couvent des Carmélites.

C'était ce que souhaitait Marie-Jeanne.

Le bon curé monta dans le fiacre avec Eustache et les deux femmes, et le véhicule se dirigea vers la rue du Bouloi.

II

Le parloir des Carmelites.

Les visiteurs furent introduits à l'instant même dans le parloir du couvent, et la supérieure vint les y rejoindre sans retard.

Le curé lui expliqua en peu de mots le but de leur venue.

— Madame — dit alors la supérieure à Marie-Jeanne — ainsi que je vous l'ai écrit, je vais remettre votre fille entre vos mains, mais, d'abord, je dois vous dire comment il se fait qu'elle se trouve ici.

« Hier au soir, on est venu m'annoncer que deux inconnues demandaient à me parler pour une affaire d'importance.

» Je les reçus et je vis une dame d'un âge déjà avancé et de l'apparence la plus respectable, accompagnée par une charmante jeune fille.

» La dame âgée me supplia de donner asile à sa compagne jusqu'au moment où la famille de cette dernière pourrait la faire réclamer, et, déposant sur cette table un coffret assez lourd, elle ajouta : — Voici vingt mille livres en or qui serviront à payer la dot de mademoiselle, si mademoiselle consent à entrer en religion, ou qui lui seront remises à elle-même, si elle sort librement de ce couvent pour rentrer dans sa famille...

» Il me fut impossible — poursuivit la supérieure — de refuser de me prêter à la bonne action qu'on me demandait...

» La dame âgée se retira satisfaite, et aujourd'hui, dès le matin, je vous écrivis la lettre que vous avez reçue...

» Depuis hier au soir j'ai beaucoup causé avec mademoiselle Nanette, qui me paraît une charmante enfant, douce et bonne, et remplie d'esprit naturel.

» J'ai tenté de lui adresser quelques questions, relativement aux circonstances qui l'ont éloignée de sa famille pendant trois années...

» Mais, aussitôt que je touchais à cette corde, la jeune fille se renfermait dans un silence absolu... — J'ai dû renoncer à l'interroger sur ce sujet..... — Peut-être vous, madame, qui êtes sa mère, serez-vous plus heureuse...

» Je vais vous chercher votre enfant. »

La supérieure sortit en effet du parloir.

Pendant son absence, qui dura quelques minutes, le bon curé et Marie-Jeanne ne purent s'empêcher de se dire à voix basse combien leur semblaient étranges les circonstances rapportées par la religieuse et que, cependant, ils ne pouvaient mettre en doute.

Ainsi, pourquoi cette femme inconnue avait-elle conduit Nanette au couvent des Carmélites plutôt que de la ramener droit chez ses parents, ce qui semblait bien plus naturel ?

Cela était inexplicable.

Pourquoi encore cette dot de vingt mille francs, et qui donc pouvait avoir un intérêt à ce que la jeune fille entrât en religion ?

Aucune solution, ayant l'ombre de vraisemblance, ne se présentait pour résoudre ce problème.

La supérieure rentra.

Nanette Lollier était avec elle.

La jeune fille courut ou plutôt bondit jusqu'à sa mère, et les deux femmes s'unirent en l'une de ces étreintes ineffables où le cœur se fond sous les baisers, où les larmes jaillissent des yeux — larmes de bonheur et d'ivresse — hélas ! trop rares dans la vie !

Puis, après ce long embrassement, ce fut le tour d'Eustache et de Rosette.

Nanette Lollier, trop émue pour pouvoir parler, se taisait ; mais ses caresses avaient une bien autre éloquence que celle du langage.

Enfin la jeune fille s'agenouilla devant le vieux prêtre et lui demanda sa bénédiction.

— Oh ! oui... — murmura-t-il en étendant ses mains au-dessus de sa tête ; — oh ! oui, que Dieu vous bénisse... pauvre chère fille,.... pauvre brebis, revenue au bercail...

Puis Jeanne, qui, jusqu'à ce moment, avait sangloté de joie, essuya de son mieux ses larmes et regarda son enfant avec un indicible sentiment d'orgueil maternel.

C'est que Nanette était bien belle !...

Bien plus belle encore que lorsqu'elle avait disparu trois ans auparavant.

A cette époque, Nanette achevait à peine sa quinzième année — elle n'était encore qu'une enfant.

Maintenant la jeune fille atteignait à toute la plénitude de sa beauté sublime.

Elle avait grandi — ses formes s'étaient développées ; — des tons d'une incomparable fraîcheur remplaçaient la pâleur harmonieuse mais peut-être un peu uniforme de son visage, qui semblait cependant n'avoir rien perdu de sa sereine chasteté.

— Oh! mon enfant — balbutia Marie-Jeanne en attirant de nouveau sa fille sur son cœur — voici donc que tu m'es rendue, et maintenant tu ne me quitteras plus, n'est-ce pas?

— Oh! jamais!... jamais!... ma mère... répondit vivement Nanette.

— Cependant — fit la supérieure en souriant — si la vocation de mademoiselle était de se consacrer à Dieu, vous êtes trop bonne mère, madame, pour vous opposer à ce pieux désir...

—Nanette... — demanda vivement Marie-Jeanne en regardant sa fille avec une sorte d'effroi — est-ce que tu veux être religieuse?

— Non, ma mère — répliqua Nanette en

secouant doucement la tête — j'aime mieux rester près de vous...

Le monde est dangereux, ma chère fille — reprit l'abbesse ; — c'est au couvent, croyez-moi, qu'on trouve le calme, le repos, le vrai bonheur..

— Ah! madame, je vous crois — dit la jeune fille en hésitant ; — seulement il me semble que ce n'est pas pour ce bonheur-là que je suis née...

— Ainsi, mon enfant, vous allez nous quitter ?

— Avec bien du regret, madame ; mais vous le voyez, ma mère désire que je revienne auprès d'elle, et, ce désir, je le partage...

— Votre résolution est prise ?

— Oh! madame, irrévocablement prise.

Ceci fut dit avec une douceur extrême, mais en même temps avec un air de décision sans réplique.

La supérieure n'insista pas — quoiqu'elle se sentît triste du départ de cette jeune fille si séduisante, à laquelle elle s'était attachée depuis quelques heures.

— Alors, mon enfant, — reprit-elle, — il ne me reste qu'à vous remettre les vingt mille livres qui vous auraient servi de dot, si vous étiez devenue l'épouse du Seigneur.

Et elle présenta à Nanette le petit coffret rempli d'or dont nous avons déjà parlé.

Ce coffret était lourd — Eustache s'en chargea.

Les visiteurs prirent congé de la religieuse, qui ne voulut point se séparer de Nanette sans l'avoir embrassée tendrement.

— Qui sait, mon enfant — lui dit-elle — peut-être nous reviendrez-vous un jour.

— Je ne le crois pas, madame — répondit Nanette en souriant ; — mais jamais je n'oublierai la bonté touchante avec laquelle vous m'avez accueillie.

A la porte du couvent le bon curé se sépara de ses paroissiens, pour aller faire une visite à son confrère, le curé de Saint-Eustache.

Marie-Jeanne, Nanette, Eustache et Rosette remontèrent dans le fiacre, qui les ramena rue Aubry-le-Boucher.

Toutes les courses, toutes les démarches

que nous venons de raconter avaient pris du temps.

Les divers membres de la famille Lollier étaient rassemblés et s'étonnaient fort de l'absence prolongée de Marie-Jeanne — absence dont personne ne savait la cause.

Les voisins avaient bien raconté à André Lollier que la poissarde, son fils et sa belle-fille étaient montés ensemble dans un fiacre, et ce fait seul, si en dehors des habitudes économiques de la digne mère de famille, fournissait matière à des conjectures sans nombre, dont aucune n'approchait de la vérité.

Qu'on juge de ce qui se passa dans tous les esprits et dans tous les cœurs, quand on vit Nanette descendre de voiture à la porte de la maison.

Les larmes et les embrassements recommencèrent, et cette scène touchante dura jusqu'au soir.

Le lendemain matin, Marie-Jeanne n'alla point à la Halle comme de coutume.

Elle voulait consacrer cette journée tout entière à sa fille — elle ne pouvait se rassasier du bonheur de la voir, et puis, disons-le, son projet était de l'interroger sur le passé, bien convaincue que ce que Nanette avait voulu taire à la supérieure du couvent des Carmélites, elle le lui dirait, à elle.

En conséquence, elle ne tarda point beaucoup à entrer en matière.

Mais, dès les premiers mots, Nanette l'arrêta.

— Ma bonne mère — lui dit-elle avec une fermeté qui imposa à Marie-Jeanne une sorte de respect — ne m'interrogez pas, je vous en supplie, car je ne pourrais pas vous répondre... — Vous savez si je vous aime, et si, volontairement, je vous causerais un chagrin quelconque... mais, j'ai juré — juré *sur ma part de Paradis*, vous m'entendez, ma mère, de ne jamais révéler le secret des trois années qui viennent de s'écouler... — Tout ce que je puis vous dire, c'est que votre Nanette bien-aimée ne fut jamais coupable, et que sa conscience est aussi pure que le jour où elle a été séparée de vous...

En face de cette déclaration — en face du serment dont parlait la jeune fille, — Marie-Jeanne, à son grand regret, fut obligée d'imposer silence à sa curiosité, et les investigations en restèrent là.

§

Quelques jours s'écoulèrent.

André Lollier et Marie-Jeanne causaient souvent ensemble de leur désir de donner à Nanette une profession qui, jointe aux vingt mille livres dont la source était inconnue, en fît le plus brillant parti du quartier des Halles.

Marie-Jeanne se reprenait à choyer son ancien projet d'associer sa fille à son commerce et d'en faire une grosse marchande de marée.

Mais la poissarde ne savait comment s'y prendre pour confier à Nanette ses désirs et ses espérances.

C'est qu'en effet, pendant son absence de la maison paternelle, la jeune fille avait pris un aplomb singulier, et sa fermeté, douce, mais énergique, inspirait à ses parents une très grande considération pour elle.

Cependant, un soir la poissarde se décida à parler et fit étinceler aux yeux de sa fille une existence émaillée de raies, de plies, de limandes, de barbues et de turbots.

Nanette l'écouta en souriant et la laissa dire jusqu'au bout.

— Eh bien? — demanda Marie-Jeanne quand elle eut achevé.

— Eh bien! ma mère — répondit la jeune fille — j'ai senti comme vous la nécessité d'une occupation... et j'en ai choisi une d'accord avec mes goûts...

— Ah! tu as choisi?...

— Oui, ma mère.

— Et, c'est?...

— Vous vendez du poisson — reprit Nanette — moi j'aime les fleurs... et j'en veux vendre... — Vous êtes marchande de marée — je serai bouquetière.

III

La bouquetière du Palais-Royal.

La mère Lollier recula d'un pas — elle laissa tomber ses bras le long de son corps; — ses traits prirent une expression de stupeur et d'épouvante, et elle répéta, comme quelqu'un qui croit avoir mal entendu :

— Bouquetière!

— Oui, ma mère — répondit Nanette en souriant.

— Mais tu n'y penses pas!

— J'y pense, au contraire, et depuis longtemps.

—Bouquetière!... ça n'est pas un état, ça!...

— Et, pourquoi donc?

— Des fleurs, ça n'est pas une marchandise!...

— Mais si, ma mère, et une charmante... et qui se vend, dit-on, fort cher...

— Bouquetière!... — Mais c'est un métier de fainéante!...

— Pas plus que de vendre des harengs et des homards, ce me semble.

— Les bouquetières sont des malheureuses!... des mauvaises créatures!... des dévergondées !

— Je prouverai qu'on peut être bouquetière et honnête fille.

— On te méprisera!...

— Je saurai me faire respecter.

— Tout le monde parlera de toi dans Paris!...

— Je l'espère bien, car, plus on parlera de moi, plus on m'achètera de bouquets.

— Les hommes te courront après!...

— Rapportez-vous-en à moi pour les tenir à distance.

— On se croit tout permis avec une bouquetière!...

— On ne se permettra rien avec moi, comptez-y bien.

— Ce serait un déshonneur pour notre famille!...

— Vous voulez dire une illustration.

— Renonce à ce projet, mon enfant!...

— Impossible, ma mère, j'y tiens trop.

— Ton père et moi, nous n'y consentirons jamais!...

Nanette ne répondit rien — mais un demi-sourire qui se dessina sur ses lèvres prouva qu'elle ne s'inquiétait point outre mesure de cette résistance.

Et Nanette avait raison.

« *Ce que femme veut, Dieu le veut !* » — dit un vieux proverbe, qui ne nous paraît pas le moins du monde entaché de paradoxe.

Peu à peu l'oppposition paternelle et maternelle faiblit devant la persistance de la jeune fille.

Et, enfin, un beau matin, la mère Lollier, vaincue, donna son consentement (de mauvaise grâce, il est vrai) — mais elle le donna.

Dès le lendemain, Nan tte, triomphante, s'occupa des préparatifs indispensables pour son nouvel état, et. la semaine ne s'était point écoulée, que la nouvelle bouquetière faisait son entrée triomphale dans le jardin du Palais-Royal, qu'elle avait choisi pour son quartier-général comme étant le lieu de rendez-vous habituel des jolies femmes et des jeunes gens à la mode.

Le soir même, ainsi que l'avait prédit Marie-Jeanne, il n'était question, dans Paris, que de la bouquetière du Palais-Royal.

Mais aussi, quelle bouquetière!...

Nous connaissons la beauté sans pareille de la jeune fille — aussi nous n'en parlerons point — mais il importe de dire quelques mots de son costume, afin d'expliquer mieux l'engoûment général.

Rien n'était moins simple et plus théâtral que sa toilette, mais en même temps rien n'était plus gracieux.

Une double jupe de gaze transparente était relevée, de distance en distance, par des nœuds de rubans roses, sur une courte jupe de soie, à larges raies alternativement blanches et cerises.

Des dentelles de la plus grande valeur — véritable point de Venise — enrichissaient le corsage, en étoffe pareille, et légèrement échancré.

Autour de son cou, plus blanc que la

neige, un ruban de velours noir soutenait une petite croix d'or.

Ses beaux bras roses sortaient, depuis le coude, d'un flot de dentelle, et des bracelets de velours noir serraient l'attache délicate de ses poignets.

De petits souliers de satin noir, à hauts talons, enfermaient ce pied cambré et charmant dont nous avons dit plus haut que Cendrillon aurait été jalouse.

Des bas de soie, d'une miraculeuse finesse de tissu, dessinaient la naissance d'une jambe de Diane chasseresse, avec laquelle une bouquetière devait faire fortune.

Enfin la corbeille qui contenait ses bouquets — sorte de conque dorée, doublée de soie blanche, était soutenue par un ruban d'argent qui serrait la taille souple de la jeune fille.

Si nos lecteurs ne s'en rapportent point à nous pour la description de ce costume nous les renverrons à une curieuse estampe qui porte le millésime de 1758, et représente dans ses atours, *la belle bouquetière du Palais-Royal.*

Ce n'est pas tout

Deux grands valets de pied, en livrée de fantaisie, suivaient Nanette à une distance de dix ou douze pas, et, munis de véritables gerbes de fleurs, ils lui fournissaient des bouquets de rechange, quand sa conque dorée était vide.

En fallait-il autant pour attirer sur la jolie fille l'attention universelle?

Non ! cent fois non !... — la moitié — la centième partie aurait suffi !...

Donc, on parla de Nanette à Paris et à Versailles — on s'occupa d'elle à la ville et à la cour — son nom revint dans tous les entretiens — c'était à qui voudrait la voir, et orner sa ceinture ou sa boutonnière de quelques fleurs arrangées par sa blanche main.

Trente seigneurs de la cour — tout au moins — des plus jeunes, des plus riches — de ceux qui passaient pour ne jamais rencontrer de cruelles, se mirent sur les rangs pour devenir les *protecteurs* de la jeune fille, et la *mettre dans le monde*, comme on disait à cette époque.

On lui offrit des diamants — des équipages — des hôtels.

Elle refusa tout et elle éconduisit tous les soupirants, sans que l'un d'eux se trouvât, en quoi que ce soit, plus favorisé que les autres.

Nanette, toujours gaie — toujours leste — doucement railleuse — spirituelle à la fois comme un ange et comme un démon, se maintenait sur un pied de réserve tel que la malignité même ne trouvait pas moyen de mordre sur son compte.

Chacun savait que Nanette était un miracle de beauté.

Quand on apprit, à n'en pouvoir douter, qu'elle était en même temps un miracle de vertu, le bruit qui se faisait autour de son nom augmenta.

La jeune fille ne pouvait littéralement plus suffire à la vente de ses bouquets.

En échange des humbles fleurs que sa jolie main offrait avec tant de grâce, elle recevait plus de louis et de doubles louis que de pièces de douze sous.

Les dames de la plus haute qualité — les femmes de la cour, telles que les princesses de Lorraine, de Rohan, de Bouillon, ne dédaignaient point de venir causer pendant quelques minutes avec la bouquetière.

Elles mettaient à leur corsage les œillets, les roses, les violettes que Nanette les priait d'accepter et qu'elles ne lui payaient point.

Mais, en échange, on apportait, de la part de ces dames, au logis de la rue Aubry-le-Boucher, des bijoux, des dentelles, des pièces d'étoffe et d'argenterie.

Les bénéfices quotidiens de Nanette étaient à tel point fabuleux que nous n'oserions point ici en rapporter le chiffre, dans la crainte d'être soupçonnés d'exagération et de mensonge.

La bonne Marie-Jeanne — avouons-le — s'était complètement réconciliée avec ce métier de bouquetière, qu'elle envisageait, dans l'origine, de si mauvais œil.

Elle voyait sa fille sur le grand chemin d'une rapide fortune, sans que sa réputation en reçût l'ombre d'une tache — elle voyait, dans l'avenir, ses autres enfants établis, dotés par leur sœur... — et ce mirage était bien séduisant pour son cœur de mère.

— Allons — disait-elle de temps en temps à son mari — la petite avait raison !.. — Décidément c't'enfant-la a plus d'esprit que nous !...

André approuvait sans conteste.

§

Cependant, au milieu de cette foule de jeunes gens — les plus beaux et les plus galants du royaume — qui se pressaient sans cesse autour d'elle, et la courtisaient quoique sans espoir, Nanette n'avait-elle donc remarqué personne ?

Si nous le disions, on ne nous croirait pas, et, franchement, on aurait raison.

Oui, Nanette était jeune — Nanette avait un cœur — et ce cœur avait parlé.

La bouquetière avait remarqué quelqu'un.

Mais qui ?

Le plus brillant, sans doute, de tous ces seigneurs ?

Oh ! non.

Combien ils connaîtraient mal l'héroïne de ce livre, ceux qui pourraient supposer cela!...

L'inconnu auquel était échu, sans qu'il s'en doutât, ce bonheur insigne d'éveiller pour la première fois le cœur pur et chaste de la perle des bouquetières, était un jeune homme de vingt-deux ou vingt-trois ans, tout au plus.

Ce jeune homme était grand et mince, et toujours vêtu avec la plus extrême simplicité.

Les traits beaux et parfaitement réguliers de son visage décelaient, à ne s'y pouvoir méprendre, l'héritier d'une grande race; — mais la pâleur de ce visage, l'expression mélancolique de ses grands yeux noirs, témoignaient d'une tristesse profonde et peut-être incurable.

Jamais ce jeune homme ne se mêlait à la foule, qu'il semblait même éviter avec soin.

Rarement il se montrait dans le jardin du Palais-Royal aux heures où ce jardin se trouvait encombré d'une cohue brillante.

Tous les matins, au contraire, il arrivait de bonne heure et un peu avant Nanette, qu'il semblait attendre.

Aussitôt qu'apparaissait la jeune fille avec ses fleurs, il s'approchait d'elle — il prenait dans la corbeille le plus modeste des bouquets — le payait douze sous — regardait Nanette pendant un instant, mais sans jamais lui adresser la parole — puis saluait, s'éloignait lentement, et on ne le revoyait plus que le lendemain à la même heure que la veille.

Durant un laps de plusieurs mois, il ne manqua que deux fois à cette habitude de chaque matin.

Nanette, en ne le voyant pas, se sentit soucieuse — chagrine ; — il lui sembla que son cœur était oppressé — que le ciel était moins pur, le soleil moins brillant — qu'enfin il lui manquait quelque chose.

Ces jours-là, les courtisans attitrés de la bouquetière ne reconnurent pas leur idole.

Mais, le lendemain, le jeune homme revenait — et, avec sa présence, la gaîté renaissait dans le cœur et sur le visage de Nanette.

C'est alors que la jeune fille comprit qu'elle aimait cet inconnu au visage pâle et au regard triste.

IV

Un nom.

Tout ce qu'elle possédait, Nanette l'aurait donné de grand cœur pour savoir ce qu'était ce jeune homme — pour connaître seulement son nom.

Mais comment s'y prendre pour arriver à satisfaire cette dévorante curiosité ?

Sans doute, rien n'était plus facile que d'interroger à ce sujet l'une des mille personnes qui, chaque jour, lui venaient acheter des fleurs et débiter des madrigaux pillés dans les galantes poésies du chevalier Dorat.

Elle n'aurait point hésité à le faire, si l'inconnu n'avait été pour elle qu'un indifférent comme tous les autres.

Mais, nous le répétons, Nanette aimait, et, avec la pudeur instinctive d'un naissant amour, il lui semblait que sa première question trahirait son secret.

Vingt fois, cependant, la jeune fille eut cette question sur les lèvres, mais alors elle rougissait, balbutiait, et finissait par se taire sans avoir parlé.

Celui qui la préoccupait ainsi était noble il n'y avait pas à en douter. — La distinction de son visage et de sa tournure en faisaient foi, et, d'ailleurs, il portait l'épée et les talons rouges.

Il était noble — mais il était pauvre — car, à la poignée d'argent de son épée, il n'y avait pas nœud de ruban, — et pas de dentelles à sa cravate.

Enfin les incertitudes de Nanette eurent un terme.

L'inconnu vint un jour au Palais-Royal plus tard que de coutume.

Il prit silencieusement l'un des bouquets que la jeune fille lui présentait d'une main tremblante. — Comme toujours il le paya d'une pièce de douze sous, et il s'éloigna.

Oh! combien elle semblait précieuse à Nanette, cette obole du pauvre!... cette humble pièce d'argent qu'elle n'aurait point échangée contre des poignées de doubles louis !

Nanette le suivait d'un regard attendri, quand elle le vit, de loin, abordé par deux jeunes gens qui lui serrèrent la main et s'arrêtèrent pour causer avec lui pendant quelques secondes.

Ces jeunes gens brillaient au premier rang des adorateurs les plus assidus de la bouquetière.

C'étaient le comte de La Châtre, et l'élégant marquis de Louvois.

Aussitôt que l'inconnu les eut quitté, Nanette se rapprocha d'eux vivement et écouta.

Voici ce qu'elle entendit :

— En vérité — disait M. de Louvois à son compagnon — ce pauvre Pierre devient fou!...

— Et, pourquoi?— demanda le comte de La Châtre.

— Comment, pourquoi? — mais il perd la plus magnifique occasion de faire sa fortune...

— Et laquelle?

— Il refuse d'aller à la cour!... — Sais-tu bien qu'hier le roi daignait demander pourquoi on ne le voyait jamais à Versailles!...

— Ah! vraiment?...

— Mon Dieu, oui. — Eh bien, je lui répète ce propos de Sa Majesté, et, au lieu d'y voir le témoignage d'une faveur inouïe, exhorbitante, et d'en perdre la tête de joie, Pierre ne semble pas y prêter la moindre attention... — à son âge, il vit comme un ours!... il s'enterre!... il se séquestre!... — il se sépare de nous autres! C'est un garçon perdu!...

— Eh! pardieu! — répliqua le comte de La Châtre — tu as raison, mais il n'a pas tort!...

— Que veux-tu dire?

— Je veux dire que Pierre a de bonnes raisons pour vivre comme il vit...

— De bonnes raisons? c'est impossible!

— Les meilleures du monde!... — Comment diable ferait-il pour frayer avec nous; je te prie? — où prendrait-il de l'argent pour soutenir un train comme le nôtre?...

— Ah! ça, est-il donc vrai qu'il soit pauvre?

— Si c'est vrai? — mais rien n'est plus certain!...

— On le disait, je ne le croyais pas. — Son père avait une belle fortune...

— Oui, mais cette fortune a disparu

sans qu'il soit possible de savoir ce qu'elle était devenue...

— Comment donc ?

— Quand le vieux prince est mort — il y a de cela quelques mois — on n'a plus rien trouvé. — Les terres avaient été vendues — l'hôtel de Paris hypothéqué et surhypothéqué!... — quant aux capitaux, pas trace!.,. — où avaient passé tous ces fonds, plus d'un million?— on n'en sait rien, et personne ne peut le deviner...—Bref, Pierre, qui la veille au soir pouvait se croire riche, s'est réveillé le lendemain matin à peu près aussi pauvre que Job...

— Quel dommage! — fit M. de Louvois — un si joli garçon !...

—Et un si grand seigneur! — reprit La

Châtre—car, en fin de compte, il est parent de la famille royale, tout bonnement!...

— Le roi traite mal ses parents! — il se devrait à lui-même de faire à Pierre une grosse pension...

— Il le devrait, mais il ne le fera pas.

— Alors, Pierre n'a qu'un parti à prendre.

— Lequel?

— C'est de se marier. — La dot de sa femme le remettra à flot.

— Se marier! — c'est bien difficile... pour ne pas dire impossible...

— Pourquoi donc?

— Quand on porte son nom — quand on descend en ligne directe de Josselin Ier et des empereurs de Constantinople, on ne peut pas se contenter d'une simple fille de noblesse... — il faudrait à Pierre une princesse, tout au moins — et elles sont rares... Qui diable veux-tu qu'il épouse?... un Courtenay!...

Ces paroles terminèrent l'entretien des deux jeunes gens, dont Nanette n'avait pas perdu un seul mot.

Le nom qui venait d'être prononcé, produisit sur la bouquetière un effet étrange et subit.

— Un Courtenay! — répéta-t-elle tout bas — en appuyant la main sur son cœur.

Puis elle pâlit — chancela — et elle serait certainement tombée à la renverse si elle ne s'était adossée, pour se soutenir, au tronc d'un arbre auprès duquel elle se trouvait.

MM. de Louvois et de La Châtre s'aperçurent du malaise de la jeune fille.

— Mon Dieu! charmante Nanette — s'écria le marquis en courant à elle — qu'avez-vous?... - les roses de vos joues s'effacent...
— êtes-vous souffrante?... — que pouvons-nous pour vous soulager?...

Nanette s'efforça de sourire — mais ce sourire était pénible et contraint.

— Merci, monsieur le marquis — répondit-elle — merci de votre intérêt... ce que je viens d'éprouver n'est rien... — un peu de malaise qui, je le sens, se dissipe déjà...

En effet, des nuances plus vives revenaient colorer son teint un instant pâli.

— Divine bouquetière — dit à son tour le comte de La Châtre — peut-être, puisque vous voilà un peu souffrante et fatiguée, songez-vous à quitter, pour aujourd'hui, le Palais-Royal... — mon carrosse est à deux pas... oserais-je vous demander la permission de le mettre à vos ordres pour vous ramener chez vous...

— Merci, monsieur le comte — répliqua de nouveau la jeune fille — mon malaise est maintenant complétement disparu et je ne rentrerai pas plus tôt qu'à l'ordinaire.

Nanette, en parlant ainsi, ne disait point la vérité.

A peine MM. de Louvois et de La Châtre l'eurent-ils quittée, après l'avoir pendant un grand quart d'heure accablée de galanteries fades, qu'elle remit sa corbeille à l'un des valets de pied qui ne la quittaient jamais, et qu'elle reprit le chemin du logis de ses parents.

Depuis quelques semaines, la famille

Lollier n'habitait plus la rue Aubry-le-boucher.

Nanette avait pensé que le misérable logement dont nous avons fait ailleurs la description, s'accordait mal avec sa nouvelle et brillante fortune.

En conséquence elle avait loué tout le premier étage d'une vaste maison de la rue Saint-Honoré, non loin du Palais-Royal.

La moitié avait été mise à la disposition de Marie-Jeanne, de son mari et de ses autres enfants.

Nanette s'était réservé le reste.

De la sorte, quoique vivant avec ses parents, la jeune fille avait un appartement complétement séparé et indépendant.

La poissarde ne vendait plus de poisson

à la Halle — elle s'accoutumait le mieux du monde au bien-être dont l'entourait sa fille et qui lui semblait le *nec plus ultra* du luxe et du raffinement.

Quant à la bouquetière, elle avait arrangé avec un goût exquis et une simplicité qui n'excluait point la richesse, la portion du logis qui n'était qu'à elle.

Il y avait, entre autres, une espèce de petit boudoir qui touchait à sa chambre à coucher, et pour lequel elle avait une affection toute particulière.

Ce boudoir était entièrement tendu d'une toile perse à fond gris perle, semé de bouquets de fleurs de toutes les espèces et de toutes les nuances.

Des étagères rustiques, placés à chaque angle de cette petite pièce, supportaient des vases fort beaux, remplis de gerbes de fleurs naturelles et odorantes.

Là, Nanette se trouvait dans son élément.

Elle ne voyait que des fleurs et en aspirait les parfums par tous les pores.

Elle se sentait vivre — elle était heureuse.

Ce jour-là — nous l'avons dit — la jeune fille rentra beaucoup plus tôt que de coutume.

Elle s'enferma dans son boudoir et se laissa tomber sur une chaise.

Pendant le trajet, depuis le Palais-Royal jusqu'à la rue Saint-Honoré, Nanette s'était efforcée de commander à son émotion et elle en était venue à bout.

Mais, une fois chez elle, c'est-à-dire en

liberté, sans témoins — cette émotion la déborda.

La jeune fille appuya sur ses deux mains son charmant visage, redevenu pâle comme celui d'une morte.

Quelques sanglots, tumultueux et pour ainsi dire convulsifs, montèrent de son cœur à ses lèvres, et, renversant sa tête en arrière, elle se mit à pleurer à chaudes larmes.

Peu à peu, cependant, cette émotion s'usa, en raison même de sa violence.

Les larmes devinrent plus rares et coulèrent une à une, perles liquides, sur le satin animé de ses joues.

Les battements de son sein soulevèrent moins impétueusement son beau sein.

Enfin — de même qu'après un orage, un

coin de ciel bleu se montre à travers les nuages déchirés, et permet le retour du beau temps — de même, un rayon échappé des prunelles noyées encore de Nanette, annonça que le calme se ferait bientôt dans son âme.

V

Jean de Courtenay.

D'étranges circonstances avaient accompagné la naissance et les premières années de la vie de ce jeune prince, Pierre de Courtenay, qui vient de faire, dans les pages précédentes, son entrée en scène.

Nous allons mettre sous les yeux de nos lecteurs des faits bizarres, qui, s'ils n'étaient de tout point vrais, et si nous ne pouvions citer nos auteurs et les sources où nous puisons, feraient honneur, ce nous semble, à notre imagination de romancier.

Mais, encore une fois, nous ne sommes ici que chroniqueur.

§

Vers l'année mil sept cent vingt-huit — c'est-à-dire trente ans environ avant l'époque où se passent les événements que nous racontons — Jean de Courtenay, dernier rejeton en ligne droite de la descendance des empereurs de Constantinople, faisait une fort grande figure à la cour, quoique en mil six cent trois, sous le règne du bon roi Henri IV, les princes de sa maison eussent vainement présenté leurs titres pour se faire reconnaître princes du sang.

Jean de Courtenay, en des circonstances qu'il est inutile de rapporter ici, s'attira la disgrâce du roi qui l'exila dans ses terres du Berry.

Les Courtenay possédaient dans cette province, au milieu de forêts immenses, le magnifique château de Sussy.

Ils avaient en outre, à Paris, un fort bel hôtel, rue Payenne.

Jean de Courtenay, au moment de son exil, atteignait sa quarantième année, et la vie dissolue et libertine qu'il avait menée jusqu'alors avait singulièrement affaibli son organisation vigoureuse.

Un des traits principaux de son caractère était une profonde et invincible répugnance pour le mariage — répugnance dont personne n'avait jamais pu triompher.

Vainement on l'avait sollicité à vingt reprises différentes de ne point laisser s'éteindre avec lui ce grand nom de Courtenay— il avait répondu à toutes les propositions d'alliance par les refus les plus formels.

Le seul proche parent de Jean de Courtenay était le duc de B. — dont nous ne pouvons écrire ici le nom en toutes lettres, car aujourd'hui encore il existe des descendants de cette famille.

Le duc de B. — fort grand seigneur et fort bien en cour, mais homme d'une immoralité et d'une dépravation profondes, regardait comme assuré pour lui l'héritage de

Jean de Courtenay, et, quoiqu'il fut à peu de choses près du même âge que ce dernier, la santé délabrée de son parent lui faisait croire que l'héritage ne se ferait pas long-temps attendre.

Ces explications préliminaires sont indispensables pour l'intelligence de ce qui suivra.

Jean de Courtenay, en arrivant dans son château de Sussy, situé, comme nous l'avons dit, au milieu des bois, et dont une lettre de cachet lui imposait le séjour, se livra d'abord aux accès d'un désespoir sombre et profond.

Après cette vie débauchée dont il avait l'habitude et qui était devenue pour lui un besoin impérieux, l'existence solitaire, au fond d'une province et d'un vieux castel, lui semblait insoutenable.

Les projets les plus extravagants traversaient son esprit.

Il songeait à retourner à Paris incognito et à brûler la cervelle au roi qui l'avait exilé.

Il voulait se tuer lui-même — ou bien vendre ses propriétés et quitter la France.

Ces résolutions folles ne tinrent pas contre quelques jours de réflexion.

Jean de Courtenay s'apaisa, peu à peu, et se dit que, somme toute, il ne serait point prodigieusement à plaindre de mener pendant quelques années l'existence d'un gentilhomme campagnard.

Une fois son parti pris, et bien pris, il

s'arrangea de façon à ce que cette existence fut aussi douce que possible.

Comme tous les grands seigneurs de son époque, Jean de Courtenay était chasseur.

Il monta ses écuries et ses chenils. — Il eut d'excellents piqueurs, des limiers sans pareils, enfin les meilleurs équipages de la province.

Chaque jour, alors, on entendit les échos des bois séculaires de Sussy, répéter les clameurs de la meute et les sons prolongés de la trompe.

Cette vie active, si différente de celle dont il avait l'habitude, cette existence agreste, produisirent chez le gentilhomme un résultat imprévu et merveilleux.

Jean de Courtenay se retrempa dans les mâles exercices de la chasse. — Son organisation débilitée se raffermit. — Les symptômes de précoce caducité, que les fatigues de l'orgie et des boudoirs avaient imprimé sur son front, s'effacèrent sous le souffle vivifiant des brises forestières. — Le prince reprit sa vigueur première et sa santé d'autrefois.

En même temps que se faisait ce changement physique, un grand changement moral s'opérait.

Jean de Courtenay retrouvait les véritables instincts de sa nature primitive.

Il n'était plus le maître impérieux et dur, parfois même cruel, devant lequel il fallait plier ou rompre.

Il se faisait chérir de ses vassaux — adorer de ses serviteurs et sa charité ingénieuse ne laissait pas, sur toute l'étendue de ses terres, une infortune non soulagée.

Ce n'est pas tout.

Un beau matin le prince s'aperçut que son intendant le volait impudemment.

Il le chassa et n'en prit pas d'autre.

A partir de ce moment, les moindres détails de l'administration de ses domaines acquirent pour lui un intérêt prodigieux.

Il voulut se rendre compte de tout par lui-même. — Il s'occupa en personne des défrichements et des améliorations agricoles qu'il entreprenait. — Enfin il ne crut pas déroger en allant lui-même aux foires et aux marchés, pour y surveiller, comme un véritable hobereau campagnard, la vente de ses récoltes et de ses troupeaux.

Et de fait, jamais le prince Jean de Courtenay ne s'était vu entouré d'une si haute estime, d'une si véritable considération.

— Un homme qui porte mon nom — disait-il parfois — ne peut être que roi — soldat — ou laboureur. — Il n'y a pas de trône vaquant. — Je ne puis tirer mon épée hors du fourreau. — Je me fais donc laboureur, et j'en suis fier !...

Au bout d'une année passée ainsi, nous croyons pouvoir affirmer que si le roi avait rappelé Jean de Courtenay à la cour — Jean de Courtenay aurait refusé de quitter ses terres.

Au milieu de ce changement si complet, physique et moral, une seule chose avait subsisté.

C'était cette profonde horreur pour le mariage que nous avons déjà signalée.

Le duc de B*** avait appris, non sans chagrin, l'invraisemblable et complet retour à la santé de son parent.

Mais comme on lui avait affirmé, en même temps, que Jean de Courtenay persévérait, plus que jamais, dans ses projets de célibat — il avait accepté le retard présumable de la succession comme une chose contrariante, mais sans conséquences bien fâcheuses.

Une fois par an — à l'époque des grandes chasses d'automne — le duc de B*** venait passer une semaine à Sussy, et il affermissait de son mieux la résolution que Jean avait prise de vivre et de mourir garçon.

§

Quelques années s'étaient écoulées depuis

l'heureuse époque où l'ex-convive des soupers libertins du régent était devenu un gentilhomme chasseur et fermier.

Grâce à l'administration habile et éclairée du prince, les revenus de la terre de Sussy avaient augmenté de plus d'un tiers, et de nombreuses améliorations restaient à faire.

Chaque année, une grande foire était tenue à La Châtre, petite ville située, comme on sait, entre Guéret et Châteauroux.

La Châtre se trouvait à cinq ou six lieues de Sussy, et c'est là que le prince faisait vendre la plus grande partie du produit de ses domaines.

La foire en question avait lieu vers le milieu du mois de septembre.

Cette année-là, le prince Jean envoyait sur le marché un nombreux troupeau de moutons — vingt paires de bœufs — plusieurs génisses — de jeunes chevaux de trois ans, et mille sacs de blé.

Le produit de ces diverses ventes devait représenter une somme d'au moins quinze à vingt mille livres.

Le prince avait en outre à toucher, chez un notaire de La Châtre, une somme non moins importante.

Dès le matin du jour de la foire, Jean de Courtenay se mit en route, monté sur un excellent cheval de race, et suivi de deux grands laquais, aussi bien montés que lui.

Tous les trois portaient des pistolets chargés dans les fontes de leur selle.

Les troupeaux et les sacs de blé avaient dû arriver la veille au soir.

De Sussy à La Châtre, le chemin, serpentant au milieu de grands bois, était étroit, mal entretenu — plein de ravins et coupé de fondrières.

Mais le prince avait l'habitude de ces routes difficiles et ne s'effrayait pas pour si peu.

A mi-chemin, à peu près, du haut d'une petite éminence, on apercevait, ou plutôt on devinait, sur la gauche, à travers des rideaux de grands arbres, un château en mauvais état et tout démantelé.

Ce château, bâti un siècle auparavant avec les débris d'une antique demeure seigneuriale, appartenait à un gentilhomme pauvre, mais de vieille race, qui se nommait le comte de Fessac.

Ce seigneur, dont les revenus étaient insuffisants pour lui permettre d'entretenir sa demeure en bon état et de mener le train d'un homme de sa condition, jouissait dans le pays d'une réputation au moins douteuse.

De méchants bruits couraient sur son compte. — Non pas cependant qu'on articulât contre lui des faits positifs — mais il était craint et haï tout à la fois.

Sans doute, cette déconsidération universelle provenait en grande partie de ses relations quasi-intimes avec deux hommes d'une classe bien au-dessous de la sienne, et notoirement tarés et diffamés.

L'un de ces hommes prêtait sur gage et faisait l'usure avec les paysans.

L'autre avait été traduit en justice comme

faux monnayeur — et acquitté, faute de preuves suffisantes; — mais sa réputation, à cet égard, n'en était pas moins établie.

L'usurier avait nom Jacomé.

Le faux monnayeur s'appelait Combons.

VI

La foire de La Châtre.

Arrivé au sommet de cette éminence dont nous parlions il n'y a qu'un instant, M. de Courtenay ralentit le pas de son cheval, se retourna sur sa selle, et fit un signe.

Aussitôt, l'un des valets, qui le suivaient

à une distance convenable, mit sa monture au grand trot, et rejoignit son maître.

— Picard — lui dit ce dernier — le comte de Fessac est-il toujours dans le pays ?

— Toujours, monseigneur.

— Que dit-on de lui, maintenant ?

— Rien de bon, monseigneur.

— Mais encore?...

— On prétend que s'il ne fait pas grand mal, ce n'est pas que l'envie lui en manque, mais c'est tout bonnement qu'il a peur des gens du roi. — On assure que Jacomé, le maltotier de la Châtre, et Combons, le faux monnayeur de Saintaine, ne bougent de chez lui, et qu'ils sont ensemble comme les trois doigts de la main. — On affirme enfin qu'il doit à Dieu et au diable, qu'avant la fin de l'année, ce qui lui reste de son château et de ses domaines, sera vendu pour payer ses créanciers, et qu'alors il en sera réduit, pour vivre, à attendre les passants au coin d'un bois...

— Mais, tout cela est-il bien vrai?

— Dam! monseigneur, je répète ce qu'on dit dans le pays...

— Qui sait?... — murmura Jean de Courtenay à demi-voix, et se parlant à lui-même — peut-être y a-t-il dans toutes ces rumeurs beaucoup de calomnie... — pour ma part j'ai peine à croire qu'un homme de noblesse ait pu tomber si bas!... — Pourquoi ce gentilhomme, s'il est dans le malheur, ne s'adresse-t-il point à moi?... — Je viendrais de grand cœur à son aide...

Après avoir prononcé ces quelques mots, le prince garda le silence.

Picard, voyant que son maître ne lui parlait plus, retourna rejoindre à l'arrière-garde son compagnon Lorrain.

Jean de Courtenay mit son cheval à une allure rapide et, en moins d'une heure, il l'arrêtait dans la cour de l'hôtellerie des *Trois Fleurs-de-Lis*, située sur la principale place de La Châtre.

Les deux laquais mirent à l'écurie la monture du prince et les leurs, et le prince se dirigea du côté de la maison du notaire à qui il voulait parler avant le commencement de la foire.

Après avoir dessellé et bouchonné les chevaux, et leur avoir donné une abondante provende, les valets sortirent à leur tour pour aller se promener.

Or, en ce moment, trois hommes achevaient de déjeûner dans une chambre du premier étage, donnant sur la cour.

Ces trois hommes étaient le comte de Pessac, Combons et Jacomé.

Au bruit des fers des chevaux, retentissant sur le pavé, Jacomé, reposant sur la table un verre plein, qu'il allait porter à ses lèvres, s'était levé et approché de la fenêtre.

— Qui vient là ? — lui demanda M. de Pessac.

— C'est votre voisin, le prince de Courtenay, monsieur le comte — répondit l'usurier.

— A-t-il beaucoup de monde avec lui ?

— Non — deux laquais, tout simplement. — Quand il vient aux foires, c'est toujours dans un équipage fort modeste...

M. de Pessac se renversa nonchalamment sur le dossier de sa chaise.

— Ma foi — dit-il — je trouve que c'est une honte qu'un grand seigneur comme Jean de Courtenay, et riche comme il l'est, vienne vendre ses bœufs, ses moutons et son blé, ni plus ni moins qu'un fermier Berrichon, et fasse ses affaires lui-même..

— Elles n'en sont pas plus mal faites ! — répliqua Jacomé qui, en sa qualité d'usurier, appréciait fort les gens d'ordre — depuis qu'il administre lui-même, le prince a doublé sa fortune...

— C'est possible... et c'est précisément en cela que je trouve qu'il a tort...

— Comment?...

— Un homme de grande qualité, quand il est riche, ne doit pas savoir compter...

— Ainsi, monsieur le comte, si vous étiez millionnaire, vous vous laisseriez voler?...

— Si j'étais millionnaire, mon cher Jacomé, je vous prendrais pour intendant...
— Je crois que c'est tout dire...

A cette réponse ironique, l'usurier salua.

— Toujours est-il, monsieur le comte — dit alors Combons, qui n'avait pas encore parlé — toujours est-il que si vous emportiez aujourd'hui de la foire de La Châtre autant d'argent que le prince de Courtenay en emportera ce soir, vos affaires seraient en un peu meilleure situation et vous ne craindriez plus d'être exproprié d'un jour à l'autre...

M. de Pessac quitta sa pose nonchalante et s'accouda sur la table.

Il avala coup sur coup deux rasades d'eau-de-vie.

— Ah ça! — demanda-t-il ensuite — le prince doit donc toucher aujourd'hui beaucoup d'argent ?...

— Mais, une vingtaine de mille livres, tout au moins, en belles pistoles, sonnantes et bien trébuchantes...

— Et, comment savez-vous cela?

— J'ai fait causer ce matin un des bouviers qui sont arrivés hier au soir avec des troupeaux de moutons, de bœufs, de génisses, de poulains, et des charriots chargés de plus de mille sacs de blé...

— Ah! ah!... — fit le comte de Pessac.

— Sans compter — ajouta Jacomé —

que le notaire Pivois doit remettre au prince, dans la journée, une somme de seize ou dix-huit mille livres qui a été payée entre ses mains par plusieurs débiteurs en retard... — je tiens cela de source certaine...

— Mais, alors — dit vivement le comte — c'est donc tout près de quarante mille livres que Jean de Courtenay aura ce soir dans ses sacoches ?

— Tout autant.

— Vous aviez raison, la somme est ronde et vaut la peine, si grand seigneur qu'on soit, de venir à la foire pour la réaliser... — Quarante mille livres ! — en bel et bon or !... — Rien que d'y penser, cela me donne des éblouissements...

— Et à moi ! — fit Jacomé.

— Et à moi donc ! — appuya Combons.

Il y eut un instant de silence, employé par les trois hommes à remplir leurs verres et à les vider.

Puis la conversation recommença.

— Ma foi — dit le faux monnayeur tout à coup — je trouve que le prince de Courtenay, s'il retourne aujourd'hui à son château de Sussy, fera un acte de haute imprudence...

— Et pourquoi donc ? — demanda le gentilhomme.

— Comment, monsieur le comte, pourquoi ?

— Oui, pourquoi ?

— Parce que la foire ne finira pas avant la nuit — parce que, d'ici Sussy, il y a six lieues à faire, dans l'obscurité, par de mauvais chemins, et à travers bois, et que, pendant ces six lieues, on court le risque d'être attaqué et dévalisé six cents fois...

— Bah! — répliqua le comte — le danger n'existe pas — il n'y a point de voleurs de profession dans le pays...

— Soit, monsieur le comte, mais quand il s'agit de quarante mille livres, c'est-à-dire d'une fortune, que de gens deviendraient voleurs, qui n'en n'ont pas l'habitude...

— Vous croyez cela, Combons?

— Je ne crois pas, monsieur le comte, je suis sûr...

— Mais le prince n'est pas seul..... il a deux laquais avec lui, et, sans aucun doute, bien armés...

— Cela fait trois hommes en tout, et, quant aux pistolets, lorsqu'on sait s'y prendre d'avance, on les empêche d'aboyer...

Le comte de Pessac ne répondit rien.

Il appuya ses deux coudes sur la table — cacha sa tête dans ses mains et s'absorba dans une méditation profonde.

Pendant ce temps, Jacomé et Combons échangeaient des regards significatifs.

Bientôt l'entretien — un instant interrompu — reprit entre les trois hommes, et devint de plus en plus intéressant.

Mais il est inutile d'y faire assister nos lecteurs pendant plus longtemps car nous le connaîtrons bientôt par ses résultats.

Disons seulement que M. de Pessac sortit bientôt de l'hôtellerie des *Trois Fleurs de Lis* et se rendit dans la boutique de l'unique apothicaire de La Châtre, chez lequel il resta pendant près d'une heure.

Il revint ensuite à l'hôtellerie, il entra dans l'écurie où se trouvaient les trois chevaux du prince de Courtenay, et, en connaisseur qu'il était, il admira longuement ces nobles bêtes, dont il caressa les crinières longues et soyeuses, les têtes fines et les naseaux roses et dilatés.

Pendant ce temps, Combons examinait,

avec une attention minutieuse, les selles auxquelles attenaient les fontes garnies de leurs pistolets.

Après cette visite à l'écurie, le comte de Pessac alla se promener sur le champ de foire, où il faisait vendre deux ou trois vaches étiques et quelques maigres moutons.

§

Combons, le faux monnayeur, ne s'était point trompé. — La nuit était proche quand le prince de Courtenay eut terminé ses affaires.

Ordre avait été donné à l'hôtellerie de lui préparer à dîner. — Il prit rapidement son repas et fit demander si ses chevaux étaient sellés.

Sur la réponse affirmative, il paya libéralement sa dépense et celle de ses gens et gagna la cour.

Les laquais étaient là, tenant les chevaux en main.

Tandis que le prince faisait boucler fortement derrière sa selle une petite valise de cuir qui contenait, en or, les sommes qu'il avait touchées, un homme s'approcha de lui, dans l'attitude la plus humble et le chapeau à la main.

C'était le comte de Pessac.

M. de Courtenay le connaissait de vue et

lui rendit son salut avec une sorte de bienveillance.

— Monseigneur — lui dit M. de Pessac — j'oserai solliciter de vous une faveur à laquelle je sens bien que je n'ai aucun droit...

— Parlez, monsieur — répondit le prince — et, si ce que vous voulez me demander est possible, je le ferai volontiers...

— Voici la nuit qui vient — poursuivit le comte; — j'ai fait vendre aujourd'hui quelques bestiaux et j'ai là, sur moi, une somme, insignifiante pour vous, énorme pour moi... — Les routes, dit-on, ne sont pas sûres ; — je n'ai pas de valet et je crains, voyageant ainsi tout seul, d'être attaqué chemin faisant... — Daignez donc me permettre, monseigneur, de me joindre à votre escorte jusqu'à la hauteur de mon humble maison...

— Monsieur — répondit le prince — j'accède de grand cœur à votre demande ; — mais je ne souffrirai pas qu'un gentilhomme fasse route avec des laquais... — Vous m'accompagnerez, s'il vous plaît...

— Ah ! monseigneur... que de bonté ! — s'écria M. de Pessac.

— Seulement — reprit Jean de Courtenay — hâtez-vous, je vous en prie, car, ainsi que vous le disiez tout à l'heure, il se fait tard...

— Mon cheval est tout sellé et tout bridé, monseigneur.

— Mettez-vous donc en selle, et partons.

Le comte de Pessac courut à l'écurie — il en ramena sa monture — bidet de médiocre prix, mais plein de force et d'ardeur.

Il s'élança sur son dos avec la légèreté d'un jeune homme et il suivit M. de Courtenay, en ayant soin de rester en arrière d'une demi-longueur de cheval environ, ainsi que le commandait le respect.

La petite cavalcade traversa les rues de La Châtre, encore encombrées de monde car beaucoup de gens étaient venus de trop loin pour pouvoir s'en retourner le soir même.

Chacun s'inclinait sur le passage du

prince — mais tous regardaient avec un profond étonnement le comte de Pessac, et se disaient les uns aux autres :

— Voici monseigneur Jean de Courtenay en bien mauvaise compagnie !...

VII

Un gentilhomme pauvre.

Il nous paraît utile d'esquisser en quelques traits de plume la silhouette du nouveau personnage que nous mettons en scène.

Le comte de Pessac avait environ quarante-cinq ans.

Il était de taille moyenne et bien fait, quoiqu'un peu maigre.

Les traits fortement caractérisés de son visage ne présentaient, pris individuellement, rien de désagréable, mais l'ensemble déplaisait par son expression.

Cette expression — multiple en quelque sorte — était tout à la fois hautaine et basse.

La bouche semblait ne devoir s'ouvrir que pour le commandement impérieux ou pour la flatterie rampante.

Les yeux offraient cette même duplicité de regard, et, de plus, ils étaient faux et fuyants, comme ceux des gens dont la conscience n'est jamais parfaitement tranquille.

Vis-à-vis du prince de Courtenay la physionomie de M. de Pessac avait complètement dépouillé son expression hautaine et n'affichait que la plus parfaite servilité.

Voilà pour le physique.

Au moral, le comte tenait tout ce que promettait son visage — et même bien au-delà.

Il était spirituel — souple — insinuant — et, quand ses intérêts se trouvaient en jeu, d'une merveilleuse habileté.

Ce fut lui qui, le premier, entama l'entretien.

— Monseigneur — dit-il — je ne sais de

quelle façon vous remercier de l'honneur que vous voulez bien m'accorder en ce moment...

— Cela ne vaut pas un remercîment, monsieur — interrompit le prince — je ne fais que ce que tout gentilhomme ferait à ma place pour un autre gentilhomme...

— Pardonnez-moi, monseigneur, vous faites plus...

— Et en quoi, monsieur ?...

— En ce que, monseigneur, il est impossible que les bruits fâcheux qui courent sur mon compte ne soient point arrivés jusqu'à vous...

— Ah! — murmura M. de Courtenay,

fort étonné d'entendre le comte de Pessac faire allusion lui-même à sa mauvaise renommée.

— Oui, monseigneur — reprit ce dernier — ces bruits, vous les connaissez, et, en m'admettant ainsi près de vous, vous me réhabilitez en quelque sorte dans cette opinion publique, si fatalement surprise et si injustement prononcée contre moi...

— Ainsi, monsieur — demanda le prince — vous savez ce qui se dit de vous?...

— Je n'ignore rien, monseigneur... — je sais qu'on me hait et qu'on me craint... — Je sais qu'autour de moi se groupent, ainsi que d'insaisissables fantômes, ces vagues et flottantes accusations, les plus dangereuses de toutes, parce que, comme elles ne formulent rien et ne reposent sur aucune base, on ne peut ni les combattre ni les anéantir... — Je sais qu'on évite ma présence... — qu'une intimité avec moi est compromettante... — qu'on me regarde comme un homme sans probité et sans honneur... — Oui, monseigneur, je sais tout cela, et, si je n'avais pas des devoirs sacrés à remplir en ce monde, j'aurais déjà demandé à la mort de me débarrasser d'un fardeau trop lourd — d'arracher de mon front ensanglanté cette couronne d'épines !...

Tandis que le comte de Pessac parlait ainsi, Jean de Courtenay le regardait avec attention, et se sentait ému de l'expression désolée de son visage, et de l'accent profond et sincère avec lequel ses paroles étaient prononcées.

— Monsieur — lui dit-il — vous valez mieux que votre réputation — je veux le croire... je n'en doute pas... — Mais, enfin, comment ont pris naissance, — comment se sont propagées ces déplorables rumeurs ?...
— Vous avez donc beaucoup d'ennemis ?...

— Monseigneur, un mot, un seul mot, vous expliquera tout...

— Et ce mot ?...

— Le voici : — *Pauvreté !...*

— Que voulez-vous dire ?

— Je veux dire que je suis pauvre et que de là proviennent toutes les inimitiés qui fondent sur moi... toutes les accusations qui me poursuivent...

— La pauvreté, cependant, n'est pas un vice !

— C'est bien pis, monseigneur, quand on est gentilhomme !... — On a commencé à me mépriser quand on a vu que je ne pouvais soutenir noblement mon nom... — J'étais jeune — je me suis révolté contre le mépris — j'ai voulu mener un train que mon humble fortune m'interdisait absolument. — Alors, ceux qui me méprisaient auparavant et que mon luxe humiliait, se sont pris à me haïr — puis, un jour, il m'a bien fallu

retomber dans mon humilité première — le mépris est revenu, et la haine est restée...
— Je n'avais pas bu, d'ailleurs, la coupe des humiliations et du désespoir jusqu'au fond.
— Mes courtes folies avaient épuisé mes ressources — il me fallut tendre la main à l'emprunt, pour vivre — quelques bourses s'ouvrirent — bourses d'usuriers, pour la plupart. — J'eus des créanciers, monseigneur, et des créanciers qui, au bout d'un certain temps, regardèrent (quoiqu'à tort) l'argent qu'ils m'avaient avancé, comme perdu.. — Ceux-là devinrent des ennemis, des ennemis acharnés, farouches, sans pitié, sans merci !... — Ils m'attaquèrent — ils me diffamèrent — ils déchirèrent à belles dents ma réputation d'honnête homme, de loyal gentilhomme, et ils laissèrent des lam-

beaux de cette réputation à tous les buissons des chemins... — C'est ainsi qu'ils se payaient à eux-mêmes les intérêts de leur argent... — Dans quelques mois... dans quelques semaines... dans quelques jours peut-être, le peu qui me reste sera vendu — je serai chassé de la demeure de mes pères — je me verrai sans asile et sans pain... — Ces hommes, ces créanciers, ces ennemis, se partageront le prix de mon dernier arpent de terre, de la dernière pierre de mon vieux château... — Je ne leur devrai plus rien... mais je n'en resterai pas moins, soyez-en sûr, le comte de Pessac, le gentilhomme sans cœur et sans honneur... — et qui sait si l'on ne m'accusera pas alors de voler sur les grands chemins pour vivre!... — Vous voyez, monseigneur, que j'avais raison de vous dire qu'il y a dans ma vie un crime — un crime dont rien ne peut absoudre et que rien ne fait pardonner : LA PAUVRETÉ !...

M. de Pessac se tut.

Jean de Courtenay avait des larmes dans les yeux.

Il tendit la main à son compagnon et la serra silencieusement.

— Je le savais bien, moi ! — pensait-il avec le loyal enthousiasme d'un grand cœur — je le savais bien qu'on calomniait ce gentilhomme ! — mais je lui viendrai en aide... et, puisque la Providence semble l'oublier, je me ferai sa providence !...

— Monsieur — reprit-il ensuite tout haut, d'une voix encore émue — vous me parliez tout à l'heure, ce me me semble, de devoirs sacrés à remplir, qui, malgré vous, vous attachaient à la vie...

— Oui, monseigneur.

— Êtes-vous donc marié, monsieur?

— Marié? — non, monseigneur. — Je sais trop bien ce que c'est que la pauvreté, pour imposer à une compagne mon misérable sort...

— Alors, vous n'avez pas d'enfants?

— Pardonnez-moi, monseigneur — et c'est de cela que je voulais parler — j'ai un enfant d'adoption — une orpheline — une nièce — la fille de ma sœur — une bonne et charmante fille de dix-huit ans, qui n'a que mon appui au monde, et qui, si je mourais, ne pourrait que mourir aussi... et, moi, je l'aime et je veux qu'elle vive...

Sans doute le prince allait interroger encore, lorsque la conversation fut soudainement interrompue par un incident étrange.

La cavalcade avait fait environ deux lieues et demie depuis son départ de La Châtre.

La nuit était complétement venue, mais une nuit lumineuse, éclairée par le disque argenté de la lune et par des myriades d'étoiles.

Sous ces clartés blanches et indécises, les arbres qui bordaient la route prenaient des formes fantastiques, et, dans les sombres profondeurs des grands bois, on aurait cru voir se mouvoir lentement des fantômes.

Le prince et son compagnon entendirent, à quelque distance en arrière, un hennissement plaintif, puis, immédiatement après, un juron énergique, suivi du bruit d'une lourde chute.

Le cheval de l'un des laquais venait de s'abattre.

Le prince tourna bride aussitôt et piqua des deux dans la direction de ses valets.

Jean de Courtenay aimait ses chevaux,

presqu'autant que ses gens, et redoutait les accidents, pour les uns comme pour les autres.

Le laquais venait de dégager sa jambe droite, prise sous la selle, et, tirant sa monture par la bride, il s'efforçait de la remettre sur ses jambes.

Vains efforts.

Une suprême convulsion agita les membres du noble animal — puis, à cette convulsion, succéda l'immobilité absolue.

Il était impossible d'en douter — le cheval était mort.

— Voilà qui est bien étrange ! — s'écria

le prince — cette bête, il y a une heure, se portait à merveille, et, maintenant, la voilà foudroyée!... — quel est donc ce mal inconnu ?...

— Une congestion cérébrale, peut-être — hasarda le comte de Pessac — j'en ai vu des exemples à peu près semblables...

— Peut-être, en effet — répliqua Jean de Courtenay — mais, n'importe, c'est étrange...

— Que faire, monseigneur? — demanda Picard, qui se trouvait ainsi démonté.

— Mets à ta ceinture, mon pauvre garçon, les pistolets qui sont dans les fontes, et suis-nous à pied... — nous marcherons un peu plus lentement, mais cela ne nous empêchera pas d'arriver...

VIII

Les empoisonnements.

Le prince de Courtenay n'avait eu que le temps de se remettre en selle, et Picard achevait à peine d'exécuter l'ordre qu'il venait de recevoir, lorsque le cheval de Lorrain, le second valet, donna tout à coup les signes d'une agitation extraordinaire.

Il se mit à ruer violemment — à se débattre — en hennissant et en écumant.

Puis, malgré la fermeté de la main qui le contenait, il partit à un galop furieux, coupé de voltes impétueuses et de soubresauts frénétiques.

Cinq minutes de cette course insensée suffirent pour désarçonner le cavalier, qui roula sur le sol comme une masse inerte.

Le cheval bondit pendant quelques pas encore, poussa un nouveau hennissement de douleur et d'agonie, et tomba raide mort.

On courut à Lorrain pour le relever.

Tout secours était inutile.

Le pauvre diable, en tombant, s'était brisé la colonne vertébrale et n'avait pu survivre une seconde à cette horrible chute.

Jean de Courtenay, attéré, et le comte de Pessac qui ne semblait ni moins surpris ni moins désolé que le prince, attachèrent leurs chevaux par la bride au tronc d'un jeune arbre et soulevèrent le corps de Lorrain.

Aidés par Picard, ils le portèrent sur l'un des talus gazonnés qui bordaient le chemin, et M. de Courtenay, agenouillé à côté de lui, appuya la main sur le cœur du malheureux domestique, espérant y saisir encore un indice de vie.

Mais ce cœur ne battait plus.

—·Seigneur, mon Dieu! — s'écria le prince — quelle catastrophe horrible et imprévue!... — Je donnerais sans hésiter tout l'or que je porte, et le double, et le triple, pour rappeler à la vie ce brave serviteur!...

— C'est affreux!... affreux!... — murmura M. de Pessac.

— Ma tête s'égare — reprit Jean de Courtenay — ce vertige horrible, s'emparant coup sur coup et presqu'en même temps de ces deux chevaux, me semble un mystère inexplicable!... — Comprenez-vous quelque chose à ce qui se passe, monsieur le comte?...

— Non, monseigneur, pas plus que vous.

— Nous ne pouvons emporter ce pauvre cadavre — poursuivit le prince ; — je vais mettre mon cheval au galop, jusqu'à Sussy, et je reviendrai avec du monde, une civière et des flambeaux.

— Désirez-vous que je vous accompagne jusqu'au but de votre course, monseigneur ? — demanda M. de Pessac.

— Merci, mille fois — je me reprocherais de vous écarter ainsi de votre chemin.

— Usez de moi sans crainte, monseigneur, je vous en prie.

— Merci de nouveau, monsieur — mais à quoi bon ?

Le comte de Pessac n'insista pas.

Jean de Courtenay brisa une petite branche d'arbre en deux morceaux qu'il plaça en forme de croix sur la poitrine de Lorrain.

Ensuite il se rapprocha de son cheval.

Qu'on juge de ce qu'il éprouva en voyant l'état dans lequel se trouvait cette noble bête.

Debout sur ses quatre jambes raidies et écartées, il tremblait violemment, et des frissons convulsifs ridaient sa robe soyeuse et brillante.

Une écume épaisse coulait de sa bouche et de ses naseaux.

Evidemment il subissait la première atteinte de ce mal inconnu et terrible qui venait de foudroyer ses deux compagnons.

— Voyez ! voyez ! — s'écria le prince.

Le comte de Pessac accourut.

Les jambes du cheval ployaient sous lui. — Il tomba sur le flanc. — Une convulsion suprême agita ses membres et il expira.

— C'est infernal ! — murmura le prince ; — quelque maléfice du démon se mêle à tout ceci ! !

— Monseigneur — demanda le comte — vous connaissez-vous des ennemis ?

— Des ennemis, monsieur ? — pas un

seul; — je ne fais de mal à personne..... et je fais autant de bien que je puis...

— Ce n'est pas toujours une raison... cherchez encore, monseigneur...

— Personne dans ce pays, je vous le répète, ne peut me haïr! — Mais pourquoi cette question?

— Parce qu'il est évident pour moi, monseigneur, qu'une substance vénéneuse a été mêlée à l'avoine de vos chevaux..... — Maintenant, est-ce au hasard ou à la malveillance qu'on doit attribuer ce fait?... — Voilà ce que j'ignore et ce que je ne saurais dire.

— Ainsi, monsieur, vous croyez à un empoisonnement?

— Comment expliquer d'une autre façon cette triple catastrophe ?

— C'est vrai — mais votre cheval, monsieur, semble aussi bien portant que possible...

— C'est vrai, monseigneur, et cela ne sert qu'à m'affermir dans mes conjectures et me faire croire à un empoisonnement prémédité...

— Pourquoi cela, monsieur ?

— Mon cheval n'était pas dans la même écurie que les vôtres — mais c'est la même avoine, sortant du même sac, qui leur a été donnée à tous. — Si, donc, les vôtres seuls sont atteints, c'est qu'évidemment on n'en voulait qu'à eux...

— Vous avez raison, monsieur... — l'empoisonnement est en effet certain — mais qui a pu s'attaquer ainsi à moi ? — Pourquoi ? — Dans quel but ?...

— Je ne puis ni le comprendre, ni le deviner, monseigneur...

Pendant quelques secondes, Jean de Courtenay s'absorba dans une profonde et douloureuse méditation.

— Que faire ? — murmura-t-il ensuite à demi-voix — que faire ?...

— Oserais-je vous demander ce qui vous préoccupe en ce moment, monseigneur ? — hasarda M. de Pessac.

— Je ne sais comment m'y prendre, mon-

sieur le comte, pour retourner chez moi... à
pied, et chargé d'une lourde valise...

— Il n'y a, ce me semble, monseigneur,
qu'une seule chose possible et facile...

— Et c'est, monsieur ?...

— C'est, monseigneur, d'accepter l'hospitalité de mon pauvre vieux château en
ruines... — Vous y serez bien mal, monseigneur, mais une nuit est si vite passée...
— Pendant ce temps, votre valet continuera
sa route jusqu'à Sussy — il vous ramènera
demain matin des chevaux frais.,. et, quant
au corps inanimé de votre second serviteur,
je l'enverrai chercher sans retard et on le
déposera dans la chapelle à demi écroulée

de mon manoir, jusqu'au moment où un prêtre pourra l'ensevelir en terre sainte...
— Que dites-vous de mon offre, monseigneur ?... — elle est faite, croyez-le bien, du plus profond de mon cœur...

Jean de Courtenay hésita pendant un instant.

Un vague sentiment de défiance instinctive lui criait de ne point passer la nuit sous le toit de cet homme.

Mais, s'il refusait, quel parti prendre et comment sortir de cette situation difficile et pénible ?

D'ailleurs, le prince — nous le savons — croyait difficilement au mal.

Il chassa donc ses défiances vagues, et, tendant la main au gentilhomme, il lui dit :

— J'accepte, monsieur, l'hospitalité de votre maison, et cela d'aussi bon cœur que vous me l'offrez...

— Vous me rendez bien fier et bien heureux, monseigneur ! — s'écria le comte de Pessac — et, sans les douloureuses circonstances qui vous font mon hôte, je dirais : — bien joyeux !...

— Nous sommes à une demi-lieue de chez vous, n'est-ce pas ?

— A peine, monseigneur...

Le prince prit dans ses fontes les pistolets qu'il passa dans la ceinture du couteau de chasse qu'il portait au lieu d'épée, quand il voyageait à cheval.

Il déboucla la sacoche remplie d'or, il la jeta sur son épaule gauche, puis, se tournant vers M. de Pessac, il lui dit :

— Quand vous voudrez, monsieur... — Me voici prêt à vous suivre.

Et Jean de Courtenay se mit en route avec le comte.

Ce dernier conduisait en main son cheval.

Une demi-heure suffit pour amener les deux hommes à cette éminence d'où l'on découvrait, à travers les arbres, les toits du manoir de Pessac.

Ils prirent un chemin de traverse, sur la droite, et ne tardèrent pas à se trouver en face du château.

La lune éclairait de ses lueurs ces constructions décrépites, et permettait d'en distinguer les moindres détails presqu'aussi bien qu'en plein jour.

Nous avons dit qu'une partie plus récente de l'édifice avait été reconstruite avec les débris de l'ancienne demeure seigneuriale.

Cette construction, lourde et disgracieuse, percée de fenêtres irrégulières, et flanquée de deux tourelles, l'une carrée et l'autre ronde, se détachait sur des pans de muraille croulants, entièrement recouverts de ce manteau sombre et destructeur que le lierre étend sur les ruines.

L'ancienne chapelle — dont la toiture était effondrée depuis un temps immémorial — profilait en noir, sur le ciel, les vives arêtes de son fronton, et la rosace ciselée à jour de son vitrail gothique.

Une belle et large pièce d'eau touchait aux murs. — Elle occupait l'espace où se trouvaient jadis les fossés, et elle entourait le château de tous les côtés.

On arrivait à la porte d'honneur par un pont de pierre et de bois, sans garde-fou et en assez mauvais état.

Du côté opposé, une simple passerelle en

planches était jetée sur l'étang, dans un endroit où il avait peu de largeur.

Cette passerelle conduisait à un pré-bois, de l'effet le plus pittoresque, qui se prolongeait jusqu'à la lisière d'une vaste forêt dont quelques arpents avaient jadis servi de parc au château.

Toute trace de clôture avait disparu, et la forêt étendait sans entraves sa puissante végétation, que l'art des élèves de Lenôtre ne venait plus régulariser sous prétexte de l'embellir.

Sur la gauche — non loin du pont de pierre — se voyaient les communs — les écuries — les bâtiments d'exploitation agricole.

Sur la droite s'étendait un jardin potager assez vaste, qui fournissait en abondance des légumes et des fruits.

La partie quasi-moderne du château communiquait, par des passages et des souterrains, aux ruines de l'ancien édifice.

IX

L'hospitalité.

Jean de Courtenay et M. de Pessac atteignirent le pont de pierre jeté sur la pièce d'eau et conduisant à la porte d'honneur.

Sans une faible lueur qu'on voyait briller

derrière les vitres de l'une des fenêtres du rez-de-chaussée, le château aurait semblé complétement désert.

A l'entrée du pont, une petite cloche était suspendue à un poteau de bois, et servait à annoncer les visiteurs.

Le maître du logis saisit la chaîne de fer qui mettait cette cloche en branle, et l'agita violemment.

Aussitôt la porte s'ouvrit et un domestique accourut.

Cet homme, d'une physionomie sournoise et d'une laideur peu commune, portait une vieille livrée, raccommodée en cent endroits et dont les galons, jadis dorés, n'offraient plus trace du précieux métal.

— Jean — lui dit le comte en lui jetant la bride de sa monture — conduisez mon cheval à l'écurie, et revenez prendre mes ordres.

Le valet obéit sans répondre un seul mot.

— Monseigneur — fit alors M. de Pessac avec un sourire un peu contraint — vous savez déjà que vous acceptez l'hospitalité d'un gentilhomme pauvre, et cependant, ce que je vais vous dire vous semblera peu vraisemblable, car il est des choses dont vous ne pouvez vous faire aucune idée... — Cet homme, que vous venez de voir, compose, avec une vieille servante attachée à la personne de ma nièce, toute ma maison, — il est mon valet d'écurie — mon valet de chambre — mon maître d'hôtel — mon piqueur — mon cuisinier — mon jardinier et mon intendant. — Le pauvre diable cumule!... — et, avec cela, ses gages sont si rarement payés qu'il est incontestable pour moi qu'il me sert par dévouement plus que par intérêt...

— Rien au monde, monsieur — répliqua le prince — ne me semble faire votre éloge plus que ce que vous venez de me dire... — c'est toujours un bon maître et un honnête homme que celui qui inspire un pareil attachement à ses serviteurs...

Le comte de Pessac s'inclina.

Jean de Courtenay et le gentilhomme

avaient franchi le pont, et atteignaient les degrés de pierre vermoulus qui donnaient accès dans l'intérieur du vestibule.

Au-dessus de la porte se voyait l'écusson des sires de Pessac, — *de gueules à l'épée d'argent* — timbré de la couronne de comte et soutenu par deux chimères flamboyantes.

Le comte ouvrit cette porte.

— Monseigneur — dit-il — passez et soyez le bienvenu dans cette maison...

— Merci, monsieur — répondit le prince ce m'est un honneur que d'entrer chez un si courtois gentilhomme !...

Aucune lumière n'éclairant le vestibule, l'obscurité était profonde.

On sentait, en entrant dans cette vaste pièce dallée, une humidité froide et pénétrante, qu'on devait attribuer, sans doute, au voisinage de la pièce d'eau.

M. de Pessac fit quelques pas à droite et ouvrit une seconde porte.

— Par ici, monseigneur — dit-il.

Jean de Courtenay le suivit et pénétra dans une chambre carrée, de dimensions imposantes, éclairée doublement par les flammes pétillantes d'un grand feu et par une petite lampe placée sur le manteau de la haute cheminée.

Une seule personne se trouvait dans cette pièce.

C'était une servante, déjà âgée — vêtue à peu près comme une paysanne — accroupie au coin du feu, sur une escabelle basse, et tricotant.

Elle tourna la tête en entendant le bruit que fit la porte en s'ouvrant — elle aperçut son maître accompagné d'un inconnu, et elle se leva aussi vite que le lui permettaient ses vieilles jambes.

— Monseigneur — dit à son hôte le comte de Pessac — à la fin de septembre les soirées sont froides, surtout ici... — approchez-vous de ce feu, je vous en prie...

Et M. de Pessac traîna à l'un des angles

de la cheminée un vieux fauteuil gothique, en chêne noirci et à dossier blasonné.

Puis il ajouta :

— Monseigneur, asseyez-vous...

La vieille servante, entendant appeler: *monseigneur*, l'étranger qui venait d'entrer, ouvrait de grands yeux et le regardait d'un air de stupéfaction comique.

Le prince posa sa sacoche pleine d'or sur le manteau de la cheminée et s'assit.

M. de Pessac jeta lui-même sur le brasier ardent une brassée de menu bois — un tourbillon de flammes joyeuses s'en échappa en pétillant.

— Vous aviez raison, monsieur — dit le prince — je sens que la nuit est froide et que ce feu fait du bien...

— Prenez-vous quelque chose avant le souper, monseigneur ?...

— Je vous remercie mille fois... — je ne me sens aucun appétit — j'attendrai. .

— C'est que, peut-être, nous souperons un peu tard.

— Tant mieux !... — la triste catastrophe de ce soir, m'a complétement ôté l'appétit.

M. de Pessac se tourna vers la vieille servante, qui demeurait là, droite et immobile, les yeux largement ouverts et les bras ballants.

— Barbe — lui dit-il — que faites-vous donc?...

— Rien, monsieur le comte... j'attendais vos ordres...

— Où est votre maîtresse ?

— Dans sa chambre, monsieur le comte.

— Depuis quand ?

— Depuis un instant — mademoiselle est remontée chez elle quand elle a entendu sonner.

— Ne savait-elle donc pas que c'était moi qui rentrais ?

— Elle n'a rien dit, monsieur le comte.

— Allez prévenir mademoiselle de Thiphaine que monseigneur le prince de Courtenay nous fait l'insigne honneur d'accepter l'hospitalité, pour cette nuit, dans ma demeure, et priez-la de descendre sans retard.

— Oui, monsieur le comte.

La vieille servante fit une révérence grotesque et sortit

— Mademoiselle votre nièce s'appelle mademoiselle de Thiphaine ? — demanda le prince.

— Oui, monseigneur.

— Elle appartient sans doute à la grande

famille de ce nom, originaire du Poitou?...

— Oui, monseigneur — ma sœur, Gabrielle de Pessac, épousa, malgré mes conseils, un cadet de la maison de Thiphaine... — nous sommes voués à la misère dans notre famillle !... — Ange de Thiphaine, ma nièce, fut l'unique fruit de cette union fatale, dénouée par une mort prématurée... — La naissance d'Ange coûta la vie à ma pauvre sœur, et M. de Thiphaine ne lui survécut que quelques mois.

— Avec le grand nom qu'elle porte, mademoiselle votre nièce trouvera facilement à se marier... — dit le prince.

— Jamais, monseigneur!

— Et, pourquoi ?

— Une Thiphaine ne peut épouser qu'un grand seigneur... — et quel grand seigneur viendra chercher Ange au milieu de ces ruines et l'épousera sans dot ?.. — La vie de la pauvre enfant est simple et tracée d'avance — tant que j'existerai elle sera ma compagne et ma consolation... — après moi, elle entrera en religion...

Ce que venait de dire le comte de Pessac était, au fond, l'avis de Jean de Courtenay.

Aussi ne trouva-t-il rien à répondre.

Le silence s'établit.

M. de Pessac s'était assis, de l'autre côté

de la cheminée, sur un fauteuil un peu plus bas que celui du prince.

Ce dernier laissait errer un regard tout à la fois distrait et curieux autour de la pièce dans laquelle il se trouvait.

Cette pièce était vaste, nous l'avons dit, et conservait des traces incontestables d'une ancienne opulence.

Sous l'épaisse couche de vernis noir que la fumée avait étendu sur les solives saillantes et sculptées du plafond, on distinguait des vestiges de couleurs vives — de lapis-lazuli — de pourpre et de dorures.

Une tapisserie flamande, du temps de Henri II, ajustée dans un large encadrement de bois de chêne curieusement travaillé, recouvrait les murailles.

Cette tapisserie, historiée de personnages burlesques, représentait les différents épisodes d'une fête de village.

Ici, des groupes de joyeux buveurs, autour d'une table rustique chargée de jambonneaux, de cervelas, d'andouillettes et de bouteilles.

Plus loin, des ménétriers forains, debout sur un tonneau, faisaient danser, au son de leur aigre musique, les jeunes garçons et les fillettes — et aussi les vieillards ridicules et les commères édentées.

Après les jeux, venaient les querelles.

On voyait des combattants villageois en train de lutter, dans les poses les plus comiques.

Celui-ci, clopin-clopant, et tout meurtri, abandonnait le champ de bataille avec une grimace fort laide.

Celui-là étalait son œil poché — cet autre sa mâchoire démantelée.

Enfin, et comme dénoûment de cette grotesque épopée, la tapisserie montrait tous ses personnages, — buveurs, — danseurs, — lutteurs, — jeunes et vieux, — hommes et femmes, ivres à qui mieux mieux et roulant sous les tables.

Digne conclusion, en effet, d'une fête flamande.

La cheminée — très élevée, nous le savons — était en pierre grisâtre, sculptée, et les armes de Pessac en formaient le couronnement.

En face de cette cheminée, un assez beau miroir de Venise dans son cadre de bois d'ébène, se suspendait à la tapisserie.

Les fauteuils et les escabelles étaient en chêne — armoriés et recouverts en tapisserie.

Des bahuts et des crédences, de style gothique, complétaient le mobilier, avec une grande table à pieds contournés.

Tel que nous venons de le décrire — et avec la passion violente dont s'est prise notre époque pour les curiosités anciennes — cet ameublement paraît splendide.

Mais, à l'époque que nous mettons en scène, toutes ces belles choses semblaient un amas de vieilleries sans valeur.

Jean de Courtenay achevait de promener son regard autour de la pièce, quand la porte qui donnait dans le vestibule s'ouvrit.

Le factotum déguenillé parut sur le seuil, et annonça avec une certaine solennité :

— Mademoiselle Ange de Thiphaine!...

X

Ange de Thiphaine.

Le prince de Courtenay se leva, en entendant annoncer mademoiselle de Thiphaine, et fit quelques pas du côté de la porte.

Ange parut.

C'était une jeune fille de taille moyenne,

mais, cependant, plutôt grande que petite.

On ne pouvait dire que sa beauté fut remarquable — on ne pouvait même dire qu'elle fut belle, — mais il y avait en toute sa personne un charme, un attrait indéfinissables, quelque chose enfin de plus facile à comprendre qu'à décrire.

Ses grands yeux, d'un bleu foncé, offraient une expression pensive et recueillie. — Ils semblaient devoir laisser lire facilement jusqu'au fond de son âme.

Le sourire de sa petite bouche, était doux et presque angélique.

Son visage, d'un ovale un peu allongé, était pâle, d'une pâleur mate et dorée, que faisaient encore ressortir les bandeaux lisses et brillants de ses cheveux bruns qu'elle ne relevait point selon la mode de l'époque.

Le costume de la jeune fille affectait une simplicité presque monastique.

Ce costume consistait en un longue robe, de laine brune, serrée à la taille par une cordelière de soie.

Un large col blanc, tout uni, tranchait sur la teinte sombre de la robe.

Lés bras de mademoiselle de Thiphaine d'une forme charmante et terminés par des mains de princesse, sortaient, depuis le coude, des manches larges et flottantes.

Ainsi vêtue — les yeux baissés — le visage chaste et rêveur — la jeune fille était digne de son nom.

Elle ressemblait à l'un de ces anges frêles et gracieux, peints par Cimabué, Giotto et le Pérugin

Une légère teinte rosée colora ses joues au moment où Jean de Courtenay s'inclina devant elle avec l'aristocratique galanterie d'un grand seigneur, et lui présenta la main pour la conduire au fauteuil qu'il avait, jusqu'à ce moment, occupé lui-même.

La timidité de mademoiselle de Thiphaine était excessive, et bien naturelle d'ailleurs chez une jeune fille qui avait passé sa vie entière dans la solitude.

Le prince essaya d'échanger avec elle quelques-unes de ces phrases banales qui rendent facile une apparence de conversation.

Il n'en put tirer que des monosyllabes, accompagnés d'une vive rougeur.

M. de Courtenay comprit qu'il ne saurait être plus agréable à la pauvre enfant qu'en ne lui adressant plus la parole, et il cessa de s'occuper d'elle — ostensiblement du moins — car il trouvait un singulier plaisir à caresser du regard les lignes fluides de son visage, de son cou, et de sa taille, à peine entrevue sous l'étoffe de laine qui n'en pouvait cependant dissimuler la souple finesse.

Pendant ce temps, M. de Pessac s'était

entretenu à voix basse, et vivement, avec son unique domestique.

Le valet sortit.

Le comte revint auprès de la cheminée.

— Monseigneur — dit-il — mon domestique, je ne sais pourquoi, s'était figuré que je passerais cette nuit à La Châtre et que je ne reviendrais que demain matin — cette fâcheuse circonstance m'oblige à vous avouer que nous ne souperons que dans deux heures...

— Cela importe peu, monsieur — répondit le prince — je ne crois pas que dans deux heures, plus que maintenant, je me trouve en grand appétit... — Une chose seulement m'est un vif regret... c'est de voir tout l'embarras que je cause dans votre maison...

Le comte affirma que cet embaras n'existait point, puis il reprit :

— J'ai pensé, monseigneur, que vous pouviez être fatigué, et j'ai donné l'ordre d'allumer un grand feu dans la chambre où vous devez coucher... — Si vous le trouvez bon, vous y pourrez reposer jusqu'au souper...

— De très grand cœur, monsieur, car, en effet, je me sens fort las...

— Aussitôt que la chambre sera préparée on viendra vous prévenir — ajouta le comte,

Quelques minutes se passèrent.—La conversation, éteinte, ne se ranimait pas.

Le valet, tenant un bougeoir allumé à la main, reparut sur le seuil.

— Monsieur le comte — dit-il — la chambre de monseigneur le prince est prête...

— Quand vous voudrez, monseigneur — dit alors M. de Pessac à Jean de Courtenay.

Ce dernier se leva et salua mademoiselle de Thiphaine — il reprit ses pistolets et sa sacoche et il suivit son hôte qui passait le premier pour lui montrer le chemin.

Ils traversèrent ensemble ce grand vestibule dont nous avons parlé.

Les murailles nues et humides n'avaient pour tout ornement que quelques bois de cerfs, destinés jadis, sans doute, à soutenir des trophées d'armes.

Le comte et M. de Courtenay s'engagèrent ensuite dans un large escalier, dont les marches de bois, disjointes et tremblantes sous le pied, semblaient à chaque instant devoir s'écrouler.

Cet escalier aboutissait à une sorte d'antichambre carrée, percée de quatre portes.

Le comte ouvrit l'une de ces portes et introduisit M. de Courtenay dans une pièce dont l'ameublement presque somptueux contrastait étrangement avec la misère de certaines autres parties de l'habitation.

La tenture, — ainsi que les rideaux des fenêtres et du lit — étaient en lampas d'un rouge sombre.

Quatre vieux portraits de famille, — en pied — aussi grands que nature — occupaient, dans leurs cadres magnifiques, mais un peu dédorés, quatre des panneaux de la chambre.

Le lit était à colonnes torses et à baldaquin.

Sur un bahut merveilleusement sculpté, se voyaient une cuvette et une aiguière en faïence de Limoges, véritables chefs-d'œuvre, — à côté d'une carafe, d'un sucrier et d'un hanap en verre de Venise étoilé d'or.

— Puis des serviettes de toile de Frise, très fine, quoique un peu élimée.

Dans la cheminée brûlait un grand feu.

— Monseigneur — dit le comte à M. de Courtenay — cette chambre était celle de mon père.. — depuis qu'il a rendu à Dieu sa belle âme, personne n'était entré ici... — Il a fallu la venue dans ma maison d'un hôte tel que vous pour que cette chambre soit rouverte... — Je vous laisse, monseigneur — aussitôt que le souper sera servi, j'aurai l'honneur de vous prévenir.

Et, sans attendre la réponse du prince, M. de Pessac sortit et referma la porte.

Jean de Courtenay s'étendit dans un fauteuil, au coin du feu, et se mit à repasser dans son esprit tous les événements accomplis depuis quelques heures.

Il fouilla d'abord, longtemps et vainement dans ses souvenirs, pour y trouver quelqu'un à qui il ait pu donner un motif de haine.

Sa conscience lui démontrait d'une façon si péremptoire qu'il était impossible que, qui que ce fut ait empoisonné ses chevaux et causé la mort d'un de ses valets, pour accomplir une détestable vengeance, qu'il en arriva à se persuader qu'un accident fortuit et inexplicable était la seule cause de tout le mal.

Le prince pensa ensuite à son hôte.

— Croyez-en donc sur parole les bruits et les voix du monde ! — se dit-il à lui-même — voici un homme déconsidéré — méprisé — honni ! — objet de terreur et de haine !... — Eh bien ! cet homme, si accusé, si attaqué, si calomnié, est un gentilhomme plein de cœur, de loyauté, de franchise !... — c'est un modèle de toutes les vertus nobles et chevaleresques !...

En se parlant ainsi, Jean de Courtenay leva machinalement les yeux vers les quatre portraits de famille qui représentaient quatre des ancêtres du comte de Pessac.

L'un d'eux attira plus particulièrement son attention.

C'était celui qui se trouvait placé presqu'en face de lui, non loin du lit, du côté opposé à la fenêtre.

Il reproduisait les traits d'un vieux et rude chevalier, du temps des rois de la seconde race.

Le visage du vieux seigneur était la seule partie de lui-même qui ne disparut point sous une carapace de fer et d'acier.

Les traits de cette figure énergique offraient une expression de vaillance farouche.

Cet homme avait dû être brave, à coup sûr — mais à coup sûr aussi, il avait dû être cruel.

Le regard jaillissait, comme un éclair, des

yeux à demi cachés sous des sourcils épais et grisonnants.

Ces yeux semblaient vivants.

Soit que le peintre eut fait preuve d'un talent hors ligne — soit que les lueurs intermittentes du foyer, projetées sur le tableau, contribuassent à l'illusion — à deux ou trois reprises Jean de Courtenay crut voir les yeux de cette tête inanimée se tourner vers lui avec une expression bizarre et menaçante.

XI

La chambre rouge.

M. de Courtenay, étonné mais non ému, se leva, prit le bougeoir, et se dirigea vers le vieux tableau pour le voir de plus près.

Il fit avec sa main ouverte une sorte

de réflecteur, de façon à diriger toute la lumière sur le visage du portrait.

La singulière illusion persista.

Les prunelles étincelantes parurent, plus que jamais, diriger leur regard courroucé sur le visiteur curieux.

Le prince se prit à sourire.

— A coup sûr — se dit-il — le vent agite par derrière cette toile antique et produit cet effet étrange...

Et, afin de se bien convaincre qu'il ne se trompait pas, il toucha le tableau du bout du doigt.

Mais, à son grand étonnement, il sentit

sous cette pression un corps dur et résistant.

Le portrait était peint sur bois.

Jean de Courtenay se décida à attribuer à son imagination ce qu'il voyait, ou plutôt ce qu'il croyait voir, et il continua, autour de la chambre, sa promenade et son examen.

De l'autre côté du lit massif, il aperçut une porte qu'il n'avait point remarquée jusque-là.

La clé était dans la serrure, du côté du prince — il fit jouer cette clé et la porte s'ouvrit.

Il se trouva dans un cabinet assez vaste

— sans issue apparente et complétement démeublé.

Ce cabinet prenait jour par une large fenêtre à très petits carreaux.

L'un des carreaux était brisé — un courant d'air s'établit et éteignit le bougeoir du prince.

Il rentra dans la chambre — posa son bougeoir sur la cheminée, sans le rallumer, retourna dans le cabinet et s'approcha de la fenêtre qui donnait sur les derrières du château.

L'étang, les prés-bois, et, un peu plus loin la sombre forêt, s'étalaient devant le regard et, sous les douces clartés de la lune, formaient un paysage empreint tout à la fois de grandeur et de mélancolie.

— Tout cela — pensa Jean de Courtenay avec douleur — tout cela, aussi loin que la vue peut s'étendre à l'horizon, appartenait jadis à la noble famille des Pessac... et voici que maintenant, faute d'un peu d'or, le dernier héritier du nom va se voir chassé du domaine de ses ancêtres!... — rien ne me semble plus lugubre que de voir une famille illustre déchoir et s'éteindre dans la misère!... — L'agonie d'une race est plus triste que la mort d'un homme.

Le prince s'appesantit pendant un instant sur ces pensées, puis il reprit, toujours se parlant à lui même:

— Il est honnête — il est loyal et bon, pourtant. ce gentilhomme !... — il n'a rien fait pour mériter le malheur qui le frappe ! — et sa nièce, cette pauvre enfant si belle et si pure, fatalement destinée à une vie de privations et de larmes, terminée par les rigueurs du cloître !... — d'où vient que Dieu se montre si dur pour elle.? ..

« Mais qui sait si Dieu ne m'a pas envoyé ici aujourd'hui pour y amener en même temps consolation et secours?... — peut-être cet or, que je porte là, avec moi, et dont je peux si bien me passer, suffirait-il pour sauver, pour relever cette famille !... — j'essaierai ! — aussitôt après le souper, je prierai le comte de Pessac de me mettre au courant de ses affaires.. nous verrons ensuite.

En se disant tout ce qui précède, Jean de Courtenay n'avait pas quitté la fenêtre du cabinet.

Son regard trouvait un plaisir infini à suivre au loin les horizons vaporeux de la forêt, dont les rayons de la lune argentaient les dômes frémissants.

Il sondait la brume légère soulevée sur certaines parties de l'étang, tandis qu'ailleurs les blanches clartés du ciel se reflétaient dans les eaux que nul souffle ne ridait.

Tout à coup, il entrevit comme deux formes confuses qui semblaient sortir de la lisière de la forêt et se diriger vers le pré-bois.

Bientôt ces formes devinrent plus distinctes — C'étaient deux hommes qui s'approchaient du château.

Après dix minutes de marche, ces hommes que par une curiosité instinctive M. de Courtenay ne perdait pas de vue, s'arrêtèrent à l'entrée de la passerelle jetée sur l'étang.

La lune les éclairait à peu près comme en plein jour, et la distance n'était pas assez grande pour empêcher le prince de reconnaître Jacomé, l'usurier de La Châtre, et Combons, le faux-monnayeur de Saintaine, qu'on lui avait montrés à la foire.

Jean de Courtenay se sentit un peu étonné de l'arrivée inattendue de ces individus mal famés.

Elle pouvait, cependant, à tout prendre, s'expliquer d'une manière naturelle.

A l'entrée de la passerelle, il y eut, entre Jacomé et Combons, une conférence de quelques secondes.

Puis Combons mit la main dans sa poche et en retira un objet qu'il approcha de ses lèvres.

Un coup de sifflet faible et doux, mais qui devait s'entendre de très loin, retentit aussitôt, et ce bruit se renouvela à trois reprises.

Une minute s'écoula, puis un troisième personnage, sortant du château et franchissant la passerelle, rejoignit les deux autres.

C'était le comte de Pessac.

Un instant de conversation très animée suivit ce rapprochement, ensuite le gentilhomme et les nouveaux venus traversèrent la passerelle ensemble et entrèrent dans la maison.

Ceci devenait extraordinaire et fit réfléchir Jean de Courtenay qui venait de se rasseoir auprès du feu.

Evidemment l'usurier et le faux-monnoyeur étaient attendus, puisque le comte, à un signal convenu d'avance, se présentait pour les recevoir...

Pourquoi donc M. de Pessac n'avait-il pas dit un seul mot au prince de la venue probable de ces deux hôtes? — pourquoi arrivaient ils à pied, par les bois, comme des gens qui se cachent? - pourquoi ne se présentaient-ils point au château par la grande entrée, et pourquoi les introduisait-on en quelque sorte furtivement?

Nous irions trop loin en affirmant que, dès ce moment, Jean de Courtenay conçut des soupçons sérieux et une inquiétude réelle.

Seulement, sa confiance absolue en l'honneur du comte de Pessac, se trouva, sinon évanouie, du moins quelque peu ébranlée.

Il résolut de ne se séparer ni de ses armes, ni de sa sacoche remplie d'or quand il descendrait pour le souper.

En conséquence, il assujettit solidement la petite valise au ceinturon de son couteau de chasse; et, au moment de mettre ses pistolets dans les poches de son habit de cheval, il les examina avec soin, pour bien s'assurer qu'il pouvait compter sur eux en cas de besoin.

A peine venait-il d'en abattre le bassinet, qu'un cri s'échappa de ses lèvres.

La poudre des amorces avait été mouillée à dessein — les armes étaient hors de service !...

Alors, pour la première fois, apparut à Jean de Courtenay le concours de circonstances effrayantes, groupées fatalement, et qui, maintenant, l'entouraient d'un inextricable réseau.

L'empoisonnement de ses chevaux — l'unique serviteur qui restait sain et sauf éloigné par le conseil du comte de Pessac — les amorces de ses pistolets mouillées — deux hommes, réputés capables de tout, arrivant mystérieusement au château..... — tout se réunissait, on le voit.

Ces diverses présomptions — comme on dit en style d'*acte d'accusation* — semblaient établir de façon péremptoire qu'un complot avait été tramé contre le prince, et qu'il venait de donner tête baissée dans le piége tendu avec une habileté véritablement infernale.

Mais Jean de Courtenay ne put accepter l'idée d'une si infâme et si lâche trahison.

Malgré l'évidence il voulut douter encore.

— Les apparences sont trompeuses parfois — se dit-il — peut-être que, bientôt, je rougirai des soupçons que je viens de concevoir...

Cependant il ne se dissimula pas que, si ses soupçons étaient fondés, sa situation devenait véritablement effrayante.

Seul et désarmé, contre trois brigands, que pourrait-il faire ?

Tout au plus lui resterait-il l'espoir de vendre chèrement sa vie.

Le prince alla à la porte de la chambre et il en examina les moyens de fermeture.

La serrure était massive et solide — mais on pouvait en avoir une double clé.

Il y avait en outre deux petits verroux assez faibles, et qui ne résisteraient pas longtemps à une pression vigoureuse.

Le prince, convaincu que si un danger réel le menaçait en effet, ce danger ne se manifesterait pas avant le souper, ne poussa point ces verroux, et attendit.

Une heure se passa encore.

Puis, un coup léger fut frappé à la porte.

— Entrez !... — dit Jean de Courtenay.

M. de Pessac parut sur le seuil.

En l'honneur de son hôte, il avait revêtu ses meilleurs habits — sa physionomie était tout à la fois respectueuse et souriante.

— Allons ! — pensa le prince — je suis fou !... il est impossible que ce brave gentilhomme soit un assassin et un voleur !...

— Monseigneur — dit le comte en s'inclinant — s'il vous plaît de descendre, je pense que le souper sera servi sur table dans un instant... — Triste souper, monseigneur... mais nous avons fait de notre mieux...

— Me voici — monsieur — répondit le prince...

— Avez-vous pris un peu de repos, monseigneur?

— Je l'aurais voulu, mais cela m'a été impossible... — Je n'en dormirai que mieux cette nuit.

— J'aurai soin, monseigneur, qu'on échauffe votre lit aussitôt après le souper...

— Oh! je sais, monsieur le comte — répondit le prince en souriant — que je dois m'attendre, de votre part, à toutes les prévenances.

— Et je ne ferai pas encore tout ce que je devrais, monseigneur...

En échangeant les paroles que nous venous de rapporter, les deux hommes avaient descendu le large escalier, traversé le vestibule, et ils entraient dans la salle tapissée longuement décrite par nous dans l'un des précédents chapitres.

C'est là que le couvert était mis.

XII

Le repas.

Le prince de Courtenay s'attendait à voir dans la salle les sinistres figures de Jacomé et de Combons.

Mais, à sa grande surprise, il n'aperçut que mademoiselle Ange de Thiphaine, et la vieille Barbe, debout toutes deux auprès de la cheminée.

Un rapide coup d'œil suffit au prince pour s'assurer que la table ne supportait que trois couverts.

Qu'étaient donc devenus les deux hôtes mystérieux du château.

La table — recouverte d'une nappe d'une éclatante blancheur, et de quelques pièces d'argenterie armoriées et noircies par le temps, — était servie avec abondance.

Un large quartier de venaison, sur un plat de faïence bleuâtre, aux armes des Pessac, faisait face à un dindonneau rôti à point, et de la plus appétissante apparence.

Des viandes froides — des légumes — un beau poisson, pêché sans doute dans la pièce d'eau — et une gigantesque salade, complétaient l'ordonnance du repas.

Les verres étaient de véritables *hanaps*.

Deux antiques candélabres de fer ciselé, à plusieurs branches, répandaient sur la table et dans la salle une clarté plus que suffisante, quoiqu'ils ne supportassent que des chandelles — les bougies étant des objets d'un très grand luxe, que les gens riches pouvaient seuls se permettre.

Jean de Courtenay s'approcha de mademoiselle de Thiphaine pour lui adresser quelques-unes de ces galanteries courtoises qui étaient la menue monnaie obligée du langage des grands seigneurs de ce temps.

Mais, à peine avait-il jeté les yeux sur le charmant visage de la jeune fille que, malgré lui, il s'écria :

— Souffrez-vous, mademoiselle ?... — Comme vous êtes pâle !...

— Je souffre, en effet, monseigneur... — balbutia Ange, d'une voix à peine distincte — le cœur me manque... il me semble que je vais me trouver mal...

L'apparence de la jeune fille était de nature à justifier l'exclamation de M. de Courtenay.

La pâleur dorée de son teint avait pris une teinte livide et marbrée de nuances violettes.

Ses lèvres étaient sans couleur.

Ses yeux, tantôt fixes, tantôt hagards, s'entouraient d'un cercle bleuâtre et bistré.

Elle ressemblait à une jeune morte qui sortirait de son tombeau et traînerait encore son suaire.

— Monsieur le comte — dit Jean de Courtenay en s'adressant à M. de Pessac — ne vous semble-t-il pas, comme à moi, que l'état de mademoiselle votre nièce est inquiétant...

— Je ne l'ai jamais vue ainsi, monseigneur... — répondit le comte.

Puis, s'adressant à Ange, il reprit avec une douceur paternelle :

— Chère petite, si vous vous sentez trop souffrante pour rester avec nous, voulez-vous vous retirer?... — Je suis sûr, d'avance, que monseigneur de Courtenay daignera vous excuser...

— Oui, certes! — appuya le prince.

— Merci, mon oncle... — murmura la jeune fille — mais je désire rester, et je crois... oui... il me semble... que je vais mieux...

— Puisqu'il en est ainsi, monseigneur, nous nous mettrons à table quand vous voudrez...

Au moment où M. de Pessac achevait de prononcer ces paroles, le valet Jean entra dans la salle.

— Monsieur le comte — dit-il — il y a là quelqu'un qui arrive, et qui demande à vous parler...

— Est-ce pressant ?

— Oui, monsieur le comte.

— J'y vais — fit M. de Pessac.

Et, se tournant vers le prince, il ajouta :

— Vous permettez, monseigneur ?...

— Faites, monsieur, faites, je vous en prie...

— Je reviens à l'instant...

Le comte sortit.

Jean de Courtenay resta seul avec la jeune fille et la vieille servante.

Ange s'approcha vivement de lui, et lui dit tout bas :

— Vous courez un immense danger, monseigneur !... — méfiez-vous de tout — et, surtout, ne buvez pas de vin d'Espagne...

— Merci, mon enfant — répondit le prince, plutôt avec son regard qu'avec la parole, car, en ce moment, M. de Pessac rentrait, et mademoiselle de Thiphaine s'était déjà éloignée.

La physionomie du comte exprimait la contrariété la plus vive.

— Monseigneur — dit-il — il m'arrive une chose infiniment déplaisante...

— Laquelle, monsieur ? — demanda Jean de Courtenay d'un ton parfaitement calme.

— Le sieur Jacomé, bourgeois de Bourges, qui se trouvait à la foire de La Châtre, arrive à l'instant... — j'ai des relations avec lui... — il me croyait seul au château et il me demande une place au feu et à la table...

— Eh bien! monsieur?

— Eh bien! monseigneur, j'ai répondu à Jacomé que, tant que vous me feriez l'honneur d'être mon hôte, c'était à vous, et non pas à moi de donner des ordres ici, et que tout ce que je pouvais faire était de vous transmettre sa requête...

— Le sieur Jacomé est-il seul? — demanda le prince.

— Oui, monseigneur.

— En êtes-vous certain?

— Je n'ai vu que lui — mais pourquoi cette question, monseigneur?

— C'est que tantôt, à la foire de La Châtre, Jacomé ne quittait point un certain Combons, que vous connaissez peut-être aussi, monsieur le comte...

Malgré lui, M. de Pessac rougit légèrement.

— Je le connais en effet, monseigneur — répondit-il — et sa méchante réputation ne me permettrait de l'admettre chez moi qu'à regret... — il n'a pas paru...

Après ce que Jean de Courtenay savait déjà, une semblable duplicité ne pouvait le surprendre.

— Faites entrer le sieur Jacomé, bourgeois de Bourges — dit-il — et, ainsi qu'il le demande, donnez-lui place au feu et à la table...

— Il vous remerciera lui-même, monseigneur...

Et le comte de Pessac donna l'ordre au valet Jean d'introduire l'usurier.

Ce dernier se prosterna presque devant le prince — il semblait ne pouvoir se décider à mettre un terme à ses salutations grotesquement serviles

— Monseigneur — murmura-t-il, en se relevant enfin — j'oserai solliciter de vous une faveur...

— Une faveur ?... — répéta le prince.

— Insigne, monseigneur...

— Parlez, monsieur.

— Je ne suis pas seul, monseigneur... — j'ai un compagnon... un vieil ami... un homme mal jugé... – il est venu avec moi jusqu'à la porte du château, mais, sachant que M. le comte de Pessac ne le voit point d'un bon œil, il n'a pas osé entrer, ni même faire annoncer sa présence au maître de céans... — Vous êtes le maître ici, ce soir, monseigneur, et je viens vous supplier de consentir à ce que le sieur Combons, de Saintaine, obtienne ici un asile pour cette nuit...

Cette abominable comédie était jouée avec

une habileté si merveilleuse que M. de Courtenay se demanda si le témoignage de ses sens ne l'avait point induit en erreur lorsqu'il avait reconnu les deux hommes par la fenêtre du cabinet.

Sans les quelques mots d'Ange de Thiphaine, qui lui revinrent en mémoire, il aurait cru s'être trompé.

— Si monsieur de Pessac ne voit point d'inconvénient — dit il — à recevoir chez lui le sieur Combons, de Saintaine — je n'ai, pour ma part, nul motif de m'y opposer...

— A cause de vous, monseigneur — répliqua le comte — il recevra une hospitalité que je lui aurais bien certainement refusée...

— Jean, allez quérir le sieur Combons, et dites-lui que monseigneur le prince de Courtenay consent à l'admettre en sa présence.

Jacomé se confondit en protestations de reconnaissance, qui durèrent jusqu'au moment de l'entrée du troisième complice.

Combons ne possédait point, au même degré que le comte et l'usurier, le grand art de la dissimulation.

Sa nature, plus grossière, était moins souple et moins hypocrite.

Il se contenta de balbutier quelques mots de remercîments, et ce fut tout.

Aucun nouveau convive ne devant arriver, M. de Pessac fit placer deux couverts au bas bout de la table et Jean de Courtenay offrit à Ange de Thiphaine, pour la conduire, sa main dans laquelle elle plaça le bout de ses petits doigts tremblants.

Le prince occupait la place d'honneur — c'est-à-dire le milieu de la table.

Il avait le maître de la maison à sa gauche et la jeune fille à sa droite.

Combons et Jacomé se trouvaient à l'autre extrémité, en face.

Le valet et la vieille Barbe faisaient le service.

Le repas était bon — les viandes délicates et cuites à point — le vin passable.

Jean de Courtenay, comme la plupart des gentilshommes de grande et forte race, avait repris toute son assurance et tout son sang-froid en face d'un péril désormais prévu.

Il mangeait donc avec un vigoureux appétit, et, le verre à la main, tenait tête au comte de Pessac, ayant soin cependant de ne jamais boire sans avoir vu le maître de la maison boire, avant lui, du même vin.

Dans un but que nous ne tarderons pas à comprendre, il excitait même le comte à vider les bouteilles — en portant des santés continuelles, auxquelles il était impossible de ne pas faire raison sans se rendre coupable de la plus grave impolitesse.

L'ex-convive des soupers du Palais-Royal était sûr de lui-même — il connaissait la trempe vigoureuse de son cerveau, à l'abri des fumées d'une ivresse rapide, et il comptait arriver à obscurcir, par des libations répétées, le jugement et les regards des autres buveurs moins aguerris.

Le prince atteignit ce but — sinon complétement, du moins en partie.

Déjà la langue de M. de Pessac semblait plus épaisse et sa parole devenait pâteuse.

Quand à Jacomé et à Combons, ils s'empourpraient à qui mieux mieux et roulaient de petits yeux clignottants.

Jean de Courtenay, lui, ne perdait rien de son sangfroid.

XIII

Le vin d'Espagne.

D'instant en instant, le prince jetait un furtif regard sur sa voisine de droite, Ange de Thiphaine.

Chose que l'on aurait crue impossible ! — la pâleur de la jeune fille, bien loin de diminuer, augmentait.

Ange ne mangeait pas, et, de temps à autre, une larme vainement contenue s'échappait de ses longs cils et roulait sur sa joue marbrée.

Elle ne levait pas les yeux, ne faisait aucun mouvement, et ressemblait à une statue de la douleur.

— Ah! pardieu! — s'écria tout à coup le comte de Pessac, après avoir vidé, une fois de plus, son verre rempli jusqu'au bord — je pense à une chose...

Il s'interrompit.

— A quoi, mon cher hôte? — demanda le prince.

— Dans les caves presque vides de ce

vieux château — poursuivit le comte — il existe une bouteille de vin d'Espagne...

Ange de Thiphaine se prit à trembler de tous ses membres, et elle heurta du coude le coude de M. de Courtenay.

Ce dernier lui fit de la main un signe qui ne pouvait être compris que d'elle, et qui voulait dire qu'il n'avait pas oublié sa recommandation.

— Une seule... — continua M. de Pessac — mais quelle bouteille!... — une bouteille historique, monseigneur!...

— Ah! bah! — répondit le prince — historique! — et, comment cela, monsieur le comte?...

— C'est exact, monseigneur, et je le prouve... — En 1640, le comte duc d'Olivarès, envoya à mon bisaïeul, cent flacons de vin de Xérès... — quatre-vingt-dix-neuf ont été bus... — il en resta un — je le réservais pour une grande occasion... — il ne peut s'en présenter une plus solennelle que celle d'aujourd'hui, et, en l'honneur de monseigneur le prince de Courtenay, nous allons sabler le Xérès du comte-duc!...

— Excellente idée que vous avez là monsieur, mais qui, venant de votre rare courtoisie, ne m'étonne pas.

— Vous aimez le Xérès, monseigneur ?

— C'est mon vin favori — répondit le

prince — et du Xérès qui, sans doute, était déjà vieux en 1640, doit être un breuvage digne des *dieux de l'Olympe,* plutôt que des simples *mortels !...*

— Nous allons en juger, monseigneur...

— J'y consens, mais à une condition...

— Laquelle?

— C'est que nous porterons, avec ce vin, la santé de votre charmante nièce, mon aimable voisine, mademoiselle Ange de Thiphaine...

— Ah! monseigneur, bien volontiers!...

Le tremblement convulsif de la jeune fille augmenta.

La malheureuse enfant avait peur de n'avoir point été comprise.

Dans le trouble de ses pensées, elle ne devinait pas que M. de Courtenay affectait une aussi grande liberté d'esprit pour ôter toute défiance aux trois complices.

M. de Pessac fit un signe à son valet qui s'approcha.

— Tu vas — lui dit-il — descendre à la cave — en voici la clé — tu prendras la seule bouteille qui se trouve dans le troisième caveau, à main droite... — tu l'apporteras avec un saint respect, et surtout tu feras en sorte de la point agiter chemin faisant...

— Oui, monsieur le comte — répondit le valet qui sortit.

— En attendant l'arrivée du nectar attendu — s'écria le prince — je suis d'avis, mon cher hôte, que nous achevions ces bouteilles qui, pour ne provenir point des caves d'un grand ministre, le Richelieu de l'Espagne, n'en ont pas moins leur mérite.....

Et, joignant l'action aux paroles, Jean de Courtenay remplit le verre de M. de Pessac.

Jacomé et Combons se versèrent eux-mêmes à boire.

Trois fois de suite, en moins d'une minute, les verres furent remplis et vidés.

La tête du comte et celles de ses complices s'alourdissaient de plus en plus — ils n'étaient pas ivres, cependant, — mais ils commençaient à se trouver trop étourdis pour être de bien vigilants observateurs.

Le valet reparut, apportant la précieuse bouteille, enduite d'une vénérable couche de toiles d'araignées centenaires.

Il la plaça devant son maître qui la déboucha avec soin.

C'était une bouteille noirâtre — trapue — et d'une forme toute rabelaisienne.

— D'autres verres — dit M. de Pessac au valet.

De petites coupes, très antiques, en verre de Venise, et d'une légèreté fabuleuse, furent placées devant les convives.

Le comte se versa d'abord quelques gouttes — comme pour juger de la transparence et de la limpidité du vin.

La liqueur — semblable à des topazes en fusion — étincelait dans le cristal, aussi vivement que sous les feux du soleil d'Espagne qui l'avait mûrie.

— Admirable!... — s'écria le prince.

M. de Pessac remplit tous les verres — à l'exception de celui de la jeune fille.

— Oubliez-vous donc mademoiselle de Thiphaine?... — demanda Jean de Courtenay.

— Ma nièce ne boit jamais de vin — répondit le comte.

Le prince n'insista pas.

— Messieurs — dit-il en soulevant sa coupe — honte à celui qui laissera une seule goutte de ce vin au fond du verre!...

Et il ajouta aussitôt :

— Je bois à mademoiselle de Thiphaine!...

Il y eut une seconde de silence.

Puis les verres vides se reposèrent sur la table.

La pâleur de la jeune fille avait subitement disparu — une sorte de sourire entr'ouvrait ses lèvres.

— Eh bien ! monseigneur — demanda le comte — qu'en dites-vous ?

M. de Courtenay sembla réfléchir ; — il faisait claquer ses lèvres comme un gourmet qui est en train de se former une opinion consciencieuse.

— Voulez-vous que je vous parle franchement ? — fit-il ensuite.

— Oui, certes.

— Mais, là, ce qui s'appelle franchement?...

— Non-seulement je le veux, mais je vous en prie...

— Vous ne m'en saurez pas mauvais gré après?...

— Ah! monseigneur!...

— Eh bien! ce vin de Xerès ne me plaît pas...

— Vraiment?

— Mon Dieu, non.

— Et pourquoi?

— Il a de grandes et incontestables qualités — il est chaud et parfumé ; — mais il a pris en bouteille un arrière-goût dont je ne puis me rendre compte... une sorte d'amertume inexplicable... — Est-ce que vous n'êtes pas de mon avis, monsieur le comte ?...

— Eh bien ! franchement, si — répondit M. de Pessac — ce que vous venez de me dire, monseigneur, je le pensais... — Seulement, moi qui ne suis qu'un pauvre gentilhomme sans fortune et qui n'ai pas comme vous l'habitude des vins d'Espagne, je pensais m'être trompé...

— Non pas, non pas... vous jugiez bien, monsieur le comte...

— Alors, monseigneur, je n'ose vous proposer de revenir à ce vin...

— En effet, je n'en accepterai pas davantage...

— Et vous, messieurs? — demanda M. de Pessac à Jacomé et à Combons.

Les deux bourgeois laissèrent remplir leurs verres, en disant :

— Quant à nous, nous n'en buvons pas tous les jours de semblable, et nous viderons bien volontiers la bouteille...

Ceci, du reste, devait leur être d'autant plus facile qu'ils profitèrent du premier moment où le prince détournait la tête pour jeter derrière eux le contenu de leurs verres.

En ce moment, mademoiselle de Thiphaine laissa tomber son mouchoir.

Jean de Courtenay se baissa vivement pour le ramasser.

— Dites que vous avez sommeil, et retirez-vous... — murmura Ange à son oreille.

M. de Courtenay ne tarda point à obéir à cet avis officieux de la jeune fille.

— Monsieur le comte — fit-il au bout d'un instant — la journée a été fatigante pour nous tous et voici que la nuit est bien avancée... — Je me sens d'ailleurs la tête singulièrement lourde, et mes yeux se ferment malgré moi... — Nous avons tant bu à votre excellent souper!... — J'ai comme du plomb dans le cerveau et dans les paupières... — Je vous demande la permission de me retirer...

— Monseigneur — répliqua le comte — je vais avoir l'honneur de vous reconduire jusqu'à votre chambre... — Barbe, le lit de monseigneur est-il bassiné?...

— Oui, monsieur le comte.

M. de Pessac prit sur la table un des candélabres et se prépara à éclairer Jean de Courtenay.

Le prince s'inclina profondément devant

mademoiselle de Thiphaine — répondit à peine par un signe de tête dédaigneux aux saluts rampants de Combons et de Jacomé, et suivit M. de Pessac.

Ange de Thiphaine quitta la salle tapissée en même temps qu'eux.

— Comme il nous méprise!... — murmura l'usurier à l'oreille du faux monnayeur; — tout à l'heure il sera moins fier !...

— Patience !... patience !... — répondit l'autre bandit.

— Dans un quart d'heure il dormira — reprit Jacomé.

— Un quart d'heure, allons donc !.. —

fit Combons — dans cinq minutes il n'entendrait pas Dieu tonner!...

Cependant le comte était arrivé avec son hôte à la porte de la chambre rouge.

Il ouvrit cette porte.

Tout était en bon ordre — la vieille servante avait amoncelé des bûches dans la cheminée, comme si l'on se fût trouvé au plus fort des gelées de février ; — le lit, découvert et échauffé, exhalait une senteur parfumée.

M. de Pessac posa le candélabre sur la cheminée.

— Monseigneur — dit-il en s'inclinant

— vous êtes chez vous, que Dieu vous envoie une bonne nuit...

— Elle ne saurait être que bonne sous le toit d'un hôte loyal... — balbutia le prince, comme s'il eût succombé à un sommeil plus fort que lui.

Le comte se retira après avoir salué de nouveau.

A peine le bruit de ses pas avait-il cessé de se faire entendre dans l'escalier, que M. de Courtenay courut à la porte et l'examina.

Ses pressentiments ne le trompaient point.

Pendant le souper, la clé avait été retirée de la serrure et les deux petits verroux avaient disparu.

— Allons — murmura M. de Courtenay avec un geste de mépris sublime — si l'on ne croyait point en Dieu, de tels hommes feraient croire au démon !!

FIN DU DEUXIÈME VOLUME.

TABLE

Des chapitres du deuxième volume.

PREMIÈRE PARTIE.
(Suite).

Le moulin de Javelle. (Suite.)

		Pages
Chap. XIX.	Une partie fine au moulin de Javelle.	3
— XX.	Les deux procureurs	17
— XXI.	Une gaillarde	35
— XXII.	Le mariage	53
— XXIII.	Le canot noir	69

DEUXIÈME PARTIE.

Les princes de Courtenay.

Chap.	I. La lettre	87
—	II. Le parloir des Carmélites	101
—	III. La bouquetière du Palais-Royal	119
—	IV. Un nom	137
—	V. Jean de Courtenay	153
—	VI. La foire de La Châtre	169
—	VII. Un gentilhomme pauvre	190
—	VIII. Les empoisonnements	205
—	IX. L'hospitalité	223
—	X. Ange de Thiphaine	241
—	XI. La chambre rouge	257
—	XII. Le repas	275
—	XIII. Le vin d'Espagne	295

Fin de la table du deuxième volume.

Fontainebleau, imp. de E. JACQUIN.

Ourages de Gondrecourt.

Le baron Lagazette	5 vol.
Le chevalier de Pampelonne	5 vol.
Mademoiselle de Cardoune	3 vol.
Les Prétendans de Catherine	5 vol.
La Tour de Dago	5 vol.
Le Bout de l'oreille	7 vol.
Un Ami diabolique	3 vol.
Médine	2 vol.
La Marquise de Caudeuil	2 vol.
Le Légataire	2 vol.
Le dernier des Kerven	2 vol.
Les Péchés mignons	5 vol.

Ouvrages divers.

Le Coureur des bois, *par Gabriel Ferry*	7 vol.
Les Crimes à la mode, *par André Thomas*	2 vol.
Le Mauvais Monde, *par Adrien Robert*	2 vol.
Une Nichée de Tartufes, *par Villeneuve*	3 vol.
La famille Aubry, *par Paul Meurice*	3 vol.
Louspillac et Beautrubin, *par le même*	1 vol.
Le Tueur de Tigres, *par Paul Féval*	2 vol.
Une Vieille Maîtresse, *par Barbey d'Aurevilly*	3 vol.
Les Princes d'Ebène, *par G. de la Landelle*	5 vol.
L'Honneur de la famille, *par le même*	2 vol.
Un Beau Cousin, *par Maximilien Perrin*	2 vol.
Le Roman d'une femme, *par A. Dumas fils*	4 vol.
Faustine et Sydonie, *par Mme Charles Reybaud*	3 vol.
Le Mari confident, *par madame Sophie Gay*	2 vol.
Georges III, *par Léon Gozlan*	3 vol.
Sous trois rois, *par Alexandre de Lavergne*	2 vol.
Trois reines, *par X. B. Saintine*	2 vol.

www.ingramcontent.com/pod-product-compliance
Lightning Source LLC
Chambersburg PA
CBHW060400170426
43199CB00013B/1943